绝对成交

杜云生 著

南方日报出版社

图书在版编目（CIP）数据

绝对成交/杜云生著. —广州：南方日报出版社，2008.3
ISBN 978-7-80652-724-5

Ⅰ.绝… Ⅱ.杜… Ⅲ.销售学 Ⅳ.G78

中国版本图书馆CIP数据核字(2008)第021432号

绝对成交

著　　者：杜云生
责任编辑：刘志一
E－mail：liuzhiyiliuzhiyi@sina.com
出版发行：南方日报出版社
地　　址：广州市广州大道中289号
电　　话：（020）87373998-8502
经　　销：全国新华书店
印　　刷：广州培基印刷镭射分色有限公司
开　　本：787mm×1092mm　　1/16
印　　张：13.75
字　　数：280千字
版　　次：2008年4月第1版
印　　次：2008年6月第2次印刷
定　　价：38.00元

投稿热线：（020）87373998-8503　读者热线：（020）87373998-8502
网址：http://www.nanfangdaily.com.cn/press　http://www.southcn.com/ebook

自序

PREFACE

一个曾经只有高中学历的人，却因为讲授三天《绝对成交》国际课程后，被Naion University of USA聘为客座教授及博士生导师；一个曾经负债累累的年轻人，却因为三天《绝对成交》国际课程而在25岁时月收入超过百万；一个无家可归的人，却因为三天《绝对成交》国际课程而可以靠房地产获得巨大的收入，获得财务自由；一个曾经穷得连饭都吃不起的人，却因为三天《绝对成交》国际课程而成为靠个人和他的影响力每年捐助社会超过千万的慈善家；一个当初靠借钱去听演讲的穷小子，却因为三天《绝对成交》国际课程而成为闻名全国的教育演说家、富人的导师；一个创业失败公司倒闭的人，却因为三天《绝对成交》国际课程而成为六家创富教育企业的拥有者。这一切听起来似乎有些不可思议，但它却真实地发生在我们身边，而故事中的那个年轻人，其实就是我自己！

到底什么是《绝对成交》国际课程？

今天我的这一切改变，都是由于我发现了一个秘密，那些白手起家成为亿万富翁的人、那些各行各业拥有最高收入的人，竟然无一例外地都将他们的成就归功于他们学会了一项技能——成交。我开始复制吉尼斯世界纪录、全球最伟大的推销员乔·吉拉德，全球第一的销售训练大师汤姆·霍普金斯，世界上最会销售的500强企业之一的施乐公司，全球房地产销售狂人、一年销售超过600套房子的洛夫·罗勃兹，历史上最伟大的保险推销员、一年销售10亿美金的干道夫，全球最伟大的催眠大师、通过电视一次催眠500万人的马修·史维等历史上各行业排名第一的销售冠军的成交模式，而这些创造世界传奇的伟大原理，竟然都收录在三天《绝对成交》国际课程中，而且已经完全被公开出来，保守估计已经在世界上直接协助大师和世界冠军们创造出至少300亿美金收入的课程，《绝对成交》国际课程现在在华人社会中的传承任务俨然已经降临在我的身上了，身负历史使命的我感到任重而道远。

现在你手里的这本《绝对成交》国际课程可能是迄今为止世界上最完整的成交秘籍了，它可以帮助你完成任何你想完成的梦想，因为它给你的是一套解决金钱问题的方法。“销售=收入”这句话你仔细地想一想，便知道这一系列的技术可以为你带来什么样的改变，它改变了我的一生，同样对你会有帮助，不要忘记这是世界第一销售冠军们共同的见证和300亿美金的收入而创造出来的铁的事实。

未来，当你获得了奇迹的时候，别忘了将这历史上珍贵的资产分享出去，将伟大的火种蔓延开来，也别忘了将金钱的火炬传承给更多的人，因为这《绝对成交》国际课程不应由我个人独享，应该给更多人去改变这个世界。

《绝对成交》国际课程等着你的接棒。

杜云生

2007年12月

目录

CONTENTS

附录

第一章 成交你自己

销售是所有成功人士的基本功

世界级的管理大师汤姆·彼得士说过这样一句话：领导等于销售。任何成功，都是销售的成功，无论是政治、文化、教育、科技、著作、财富、艺术、发明，这个世界上各行各业所有最有成就的人，他们的成就都来自销售的基本功。换句话说，**销售是各行各业成功人士的基本功**。

李嘉诚在16岁的时候，从推销员做起；18岁的时候，被老板提拔为业务经理；20岁的时候，老板提拔他当总经理。20岁就当上公司总经理，这在任何行业里都是极少见的。更难得的是，当时李嘉诚不是自己创业当总经理，而是别人提拔他当公司的总经理。可见他的销售技能已经帮公司创造了庞大的业绩和利润，公司才会对他有这么大的信任。在这家公司做了两年的管理后，他正式创办长江实业公司。在22岁创业之后，奋斗了几十年，他便成了世界华人首富。有人问他致富的秘诀是什么，李嘉诚说是因为当他十几岁的时候学会了销售技巧，他说销售技能花两亿元他都不肯卖。事实上，一个人如果把东西卖出去，他就已经具备了所有成功人物必备的素质了，这里面包含有很多技能，如要懂顾客的心理，要懂人际关系，要有口才和说服力，要有心理素质……这些并不是一朝一夕能学会，更不是用钱能买到，是要一点一滴积累学习的。

所以有非常多的企业家在创业的初期都是自己亲自做销售。当他们的销售技巧磨炼到很好的时候，实际上他们的公司就已经有了一个很大的生存空间或者说成长环境，对于这一点很多著名的企业家、总裁都是很清楚的。正因为他们当初是从销售做起的，所以他们在提拔人才的时候特别会观察哪一个员工对于销售特别有贡献，特别擅长销售，而这个擅长销售者通常会取代下一个领导人的位子。因此很多企业家在子女学成归国之后，未必直接让子女做管理，通常都让子女从市场做起，当他们了解市场之后，再让其来管理企业，这样才能使企业健康发展。毕竟一个企业的销售部门，是带来现金收入、带来血液循环的一个重要的部门。

连日本的经营之神松下幸之助也是从推销员做起的，台湾的王永庆也是从销售做起的，蔡万林也从销售做起。比尔·盖茨大学二年级就休学，创办微软公司之后，也是从销售做起来推销他的软件，来跟客户签合同。世界上的各行各业，几乎每一个最有成就的人都是从销售做起的。

创业成功最重要的技术之一是销售技术（销售技术成功的独门武器）。销售最重要的目的是成交，除了成交其他一切都不算是真正产生收入的关键。大多数售货员或者是销售人员都花了很多时间在拜访客户、整理名单打电话，他们花了很多时间去跟客户交流，他们的目的只有一个：成交。但很多人忘记了这个动作或者是不擅长这个动作，他们做了很多事情都白做，白做之后造成了很大的浪费。

世界管理大师彼得·杜拉克说过这样一句话：除了创新和行销，其他的一切都是成本。创新就是创造了一个新的趋势、新的潮流，创新是改革过去旧的产品，所以创新能带来一个企业的腾飞。而行销当然也包含了销售，销售最重要的关键当然就是成交。一个企业花了很多的时间在成本上面，费了很多工夫投下很多金钱，但是，却没有在真正带来利润的销售成交上面下工夫，这可能就本末倒置了。所以我们不管管理有多重要，也不管财务控制有多重要，成本控制有多重要，人力资源有多重要，我们现在管好维持你这个企业生存必备的最重要的一切的能力：销售技术。这才是关键中的关键。

有一次我听《富爸爸穷爸爸》的作者罗伯特·清崎的演讲，他在世界上推出了财商教育之后，他告诉每一个人，想要赚大钱成为亿万富翁获得财务自由，必须有财务知识。所以他开发了一套现金流的游戏，创造了一个财商的网站，出了一系列财商的书籍。他在演讲的时候，**特别强调一句话：销售等于收入**。

他就这么直截了当地告诉你，除了销售会有收入，其他的一切都不会带来收入的。他一生当中有两个爸爸：一个叫做他的亲生父亲穷爸爸，是一个政府公务员。另外一个是他朋友的父亲，是夏威夷当地的一名富翁。他把那位富翁称为他的富爸爸，因为他从小跟他最好的同学在一起的时候，常常跟他同学的父亲请教如何致富做生意创业赚钱的知识。他的富爸爸从小教他，教到大学毕业的时候，他的富爸爸说假如你真的想要成为一名创业成功的富翁的话，你必须先去从军。他问为什么你要我去当军人呢？富爸爸说因为一个创业成功的企业家，必须擅长领导力，假如你能在军队里面磨炼几年回来，你会学会真正的领导力。因为在军队中的领导力相当重要，你必须让每一个士兵服从你，你必须在压力下还能够思考，你必须在枪林弹雨当中，你必须在天空中开战斗机的时候，还能够保持冷静的思维，做出正确的判断，这就是一种领导力。军队是最好磨炼你的地方，而学校教不了领导力，学校最多只能教你管理的知识，领导力你要去战场上来获得。于是他听从了富爸爸的建议。

去当了几年的兵之后，他认为他已经学会了一定的领导能力。于是回到夏威夷问他的富爸爸，富爸爸说你必须先去一个大企业，当一名推销员。他说我要当老板的，你为什么又要叫我去当推销员？富爸爸说如果你愿意从一名推销员做起，在市场第一线跟客户交谈，赚取丰厚的回报，成为公司的销售冠军，你就有资格当老板。于是他跑去施乐公司面试，参加销售工作。施乐公司是销售室务机器也就是复印机之类的企业。刚开始的时候，他曾经在一整年当中备受打击，备受嘲笑，备受拒绝，但是记住他富爸爸给他的教诲：没有成为销售冠军，当一个老板是不够资格的。于是他在三四年之后，终于成为施乐公司的销售冠军。在成为施乐公司的销售冠军之后，他就立刻辞职了。

他又去问富爸爸："当初你叫我从军，我去从军，当初你叫我当销售员，我现在成为销售冠军了，我可以开始创业了吗？"

"没问题，你可以开始创业了。"

在创业过程中，他发现，领导能力跟销售技巧是带给他创业成功最重要的两门技术。

生命中最重要的两件推销

正如前面提到过的世界管理大师汤姆·彼得士说的：领导等于销售。任何成功都是销售的成功，这句话放之四海而皆准。而销售最重要的目标是要成交，也就是说领导者也要会销售，因为他可以成交人才，他可以把他的观念推销出去，而推销员就更不用说了，他需要成交顾客，他需要带来更多的金钱回报。而我们需要学习和掌握的最基础的销售技术，是先要了解世界上最重要的一位顾客到底是谁。如果你想要绝对成交，你先要分清顾客，分清顾客要先从最重要的开始找起。最重要的那位顾客到底是谁？很多人说是我的大客户，是我的家人，是我的一个好朋友，**其实世界上最重要的一位顾客是你自己**。

当你自己都不愿接受你自己的观念，当你自己都不相信你自己讲的话，当你自己都不愿意用你所推荐给别人的产品的时候，你是不可能将东西推销给任何人，将观念让任何人接受的。换句话说，你需要先推销给你自己，你要先问问自己，我愿不愿意相信我所说的每一句话，我愿不愿意购买我所推荐别人购买的每一项产品。除非你正在推销的产品是属于比较特殊的，比方飞机等一般个人不可能购买的产品。只要你推销的东西你认为是人人都需要的，那你自己就应该是最好的那一位顾客。如果你自己是世界上最重要的一位顾客，你现在生命中最重要的两件推销：**第一，要先把你自己推销给你自己。**

有非常多的销售人员，他们自己都不喜欢自己，不相信自己会成功，他们自己都不觉得自己是最优秀最杰出的，他们自己都不觉得自己是值得的，他们不觉得自己是别人心目中优秀的推销员，所以他们以非常低的自我形象，以非常自卑的状态在做销售。事实上是没有人愿意跟一个不相信自己的人买东西的。

有一次我去听世界上最伟大的推销员乔·吉拉德先生的演讲，他曾经在失败落魄的年代当过扒手、当过小偷，而且失手被捕，35岁之前一事无成。有一天他遇到了一个机会，去参加卖汽车的工作。可是在他卖汽车的第一年里，运气一点都不好，一整年卖出不到4台汽车。有一天有一个机缘，让他去参加了一个销售训练。通过这个销售训练学习，他认识到一个观念：原来世界上最好的产品，不是他的雪佛兰汽车，世界上最好的产品是他自己。从那以后，他大量地向别人推销他自己，他经常在遇到陌生人的时候发名片并说：“你好，我叫乔·吉拉德。”他发现一次发一张太慢了，干脆一次发一盒。“你好，我叫乔·吉拉德，这一盒名片送给你。”说完他就把一盒名片送出去。所有人拿到名片都吓一跳，你给我一盒名片干吗。他说：“我希望你记住我叫乔·吉拉德，所以我的作为跟别人也不一样。我一次给你发一盒，如果你觉得浪费的话请你不要丢掉，你把它给需要买车的人或者是将来你帮我发给那些陌生人，让他们也认识乔·吉拉德。”当乔·吉拉德说完这番话的时候，很多人对他真的是印象深刻。有乔·吉拉德出现的地方就会有他的名片，他在吃饭的时候、在看电影的时候、在打保龄球的时候……在全部的消费场所消费完之后，都会放一盒名片，告诉别人我叫乔·吉拉德。最有趣的是：有一次他去看橄榄球比赛。所有的球迷坐在观众台上，看到自己心爱的球队进球之后，都会跳起来欢呼，乔·吉拉德也会跳起来欢呼。他一边跳起来欢呼一边撒名片，很多人在天空中看到名片撒出来了，一看怎么又是乔·吉拉德，甚至在离场的时候发现，整个地上全是乔·吉拉德的名片。所以很多人对他印象深刻，结果主动找他买车，觉得我要买一台汽车我要跟这个人买，因为这个人很特殊，我想跟他交朋友，我想认识他到底是谁。一个人这么自信，所以引来别人对他的信任。一个人要先接受你自己，要先喜欢你自己，你才能把自己推销给别人。所以乔·吉拉德说了一句名言，他说：我卖的是全世界最好的商品，不是汽车，而是我自己。

我们每个人到底在心里面把自己定位到什么样的一个位置至关重要。世界拳王阿里在每一次出场打拳的时候都会在更衣间对自己说：我是最棒的，我是最好的，我是最优秀的，我是无敌的，我能够在第一回合就击垮我的对手，没有人可以把我击败。当他不断地对自己说这样的话，自言自语的时候，记者不断地抄下这些话，并且采访他，还拍了很多照片。看起来这个人怪怪的，像神经病一样，可是拳王阿里在每一次出场的时候，几乎都是在第一回合就把对手打趴下了，所以他战无不胜，攻无不克。有一次，拳王阿里出场的第一回合被对手给打趴下了，当他被送到医院去醒过来的时候说：这一次我忘了，没有在更衣间里面对自己自言自语说我是最棒的。当他一把自我形象给降低、忘掉的时候，他就被对手给打倒了。所以，亲爱的读者朋友，当你读完这本书的时候，你到底能学到什么东西并不重要，最重要的是你能不能开始把这个观念接受进去，开始认为你是最优秀的。你要告诉自己你是昂贵的，一般人是绝对没有办法能够跟你比的。当你有这样的一个认识的时候，你已经开始做到了第一件推销：把自己推销给你自己。

生命中最重要的第二件推销，要把“推销”推销给你自己。什么叫把“推销”推销给你自己？我发现市场上很多人在找工作的时候，喜欢填写当秘书，当行政文员，但他们看到招业务员和招聘销售代表的时候，就会很担心很害怕甚至很反感。如果你招聘了

100个人，我相信其中有八九十人都是想应聘行政人员，很少有人想做销售，大多数人害怕销售或者是排斥和拒绝销售，或者是不愿意去做销售，不愿意去练好销售技巧。大多数人对推销这个动作本能地有反对的意见，他们可能害怕去做推销，也害怕别人推销东西给他们。当你一有这种思想的时候，是不可能成为一名杰出而且优秀的推销员的。首先要把推销的观念给改过来，你先要爱上推销，你必须接受推销，如果你要喜欢推销你必须把推销当成是非常快乐的事情。当一个人做一件事情有痛苦的时候，他是不想做那一件事情的，而当另外一个人做这件事情是感觉快乐的时候，他是非常乐于做这件事情的。把一件事情联想成快乐，他就愿意去做那一件事情，一个人把一件事情联想成痛苦，他就不愿意做那件事情。换句话说，你一切的行为都是快乐和痛苦的力量在控制的，你必须把销售当成是快乐的事情，你才会把销售做得非常杰出，你才有可能变成销售冠军。在我所认识的销售冠军，我所学习的榜样楷模和我自己身上，我都看得到销售等于快乐这样的感觉。我觉得销售是正确的，销售是天经地义的，销售是理所当然的，销售是成就感，销售带来的是满足感，销售就是一切，销售等于收入。

当我们在心目中不断地这样想的时候，我们当然是分分秒秒时时刻刻随时随地去做销售。而你为什么拿起电话来打给顾客会害怕，你头脑可能在想我要拨给张三先生，但是一想拨给张三的时候，头脑又在想最好不在最好不在最好不在，赶快挂掉不在不在不在就好。为什么会这样想？因为你害怕被张先生拒绝。很多人拜访客户的时候敲门，心想最好不在最好不在，敲两三声就走掉了，为什么？你怕被门里面那个人给拒绝。很多人在介绍完产品要签合同的时候，签单的时候，想要求成交，心里面却在害怕担心，却在冒冷汗，嘴巴就讲不出话来，讲出话来也结结巴巴，手上拿着笔又不知道该怎么写。为什么会有这种情况？还是因为你对成交怀有恐惧感，你怕被别人拒绝，你怕被别人怀疑，你怕被别人误解，你怕没面子，你怕丢脸。其实我在这里要告诉读者的，不是怎样销售产品，而是怎样改正你的心态。**第一把自己推销给自己，第二把“销售”销售给你自己。**

一般人不愿意做销售的五大误区

很多人不愿意做销售的，究其原因，主要存在着以下五大误区：

第一，很多人认为做销售没保障。很多人认为做销售没保障，是因为销售人员的薪水大部分都从业绩那得来的，而找一份稳定的工作上班下班，感觉会比较有保障。我在第一次做销售工作的时候，我问我们经理这份工作有没有保底工资，我们经理告诉我有15000块新台币，那时心里感觉真的不错。

当时我连续做了十天推销，一套产品都没有卖掉，经理却告诉我，我们这份工作有15000块新台币的底薪，所以我就想继续坚持到发薪水那一天，等到经理给我发完薪水我就再不做了。我当时的想法真的很天真：不用卖半套产品就可以领走15000块薪水了。结果在做了30天之后我去领薪水，我经理问我：“你来干什么？”

我说：“领钱。”

他说：“领多少钱？”

我说：“这一个月我一共卖掉了一套产品，这一套2000元，我可以提成800元。所以我的底薪15000元加提成800元，我可以领走15800元。”

经理说：“你有没有搞错，你一个月就卖掉一套产品，交回公司2000块钱，你怎么可以领走15800呢？”

我说："经理你不是跟我说过我们这份工作有保底工资15000块钱吗？"

他说："是有保底工资15000块钱，你知不知道保底工资15000块钱，要先销售掉30套产品，基本责任30套卖掉，领基本工资15000块钱。第31套开始领800元提成。"

经理说完这番话我觉得很不合理，就和他理论了一番。

我说："卖掉30套，一套2000块钱，等于说我交给公司6万元，公司才给我发15000块钱，这哪叫保底工资，这是一种提成，只是变相的说法而已。"

结果经理说："没错，你非常聪明，这是一种变相的说法，可是你要知道，全世界每个人领的都是提成。"

我说："你吹牛，明明秘书领底薪，开车的司机领底薪，扫厕所的阿姨领底薪，你怎么可以说每个人都在领提成。"

他说："表面上看来他们好像在领底薪，可是你知不知道他们的底薪怎么来的？他们的底薪也是顾客买产品的业绩当中，从业绩当中提出一点点利润来给他们发的底薪。如果一家公司持续没有业绩，还发不发得出底薪？"

"当然是发不出。"

"不但开不出工资来，不让你下岗就不错了。为什么这么多大企业倒闭，或发不出工资或让员工下岗，就是因为没有业绩没有利润。"

我当时一听觉得有点道理，但是我心里很不服气，我问经理一句话："经理，表面上看来每个人好像都是领从公司的利润当中提出来发给他的底薪，可是我就必须去销售我个人的业绩才可以领到我的保底工资，而那些上班的行政人员他们都不需要去销售他个人的业绩就可以领到他们的保底工资了，所以不一样就是不一样。"

经理说："你非常聪明，我想问你一下，你想当金字塔上层的人还是下层的人？”

我说：“上层的人。”

他说：“你想当人上人，你要先跟人上人学习，那些顶尖人物，他们是靠底薪发财还是靠利润的提成发财的？”

我说：“那应该是利润的提成。”

他说：“那你想跟他们一样，你就要做跟他们一样的事情，你必须靠利润来赚钱。底薪、底薪，什么叫底薪？底薪就是底下的人领的薪水，秘书领底薪，开车的司机领底薪，保安领底薪，他们都领了好多年了，他们还是底下的人。”

经理告诉我，他从进公司第一天就没有领过底薪，他全靠提成，所以他收入越来越高，甚至步步高升当上部门主管，甚至开了分公司。他不但不领底薪，他还要发薪水给别人。换句话说，他赚大钱是因为他做跟人上人一样的事情。我当时听了恍然大悟。其实我真的在进公司第一天开始就是浑水摸鱼。记得我进公司的第一天，就拿着儿童的百科全书跟同事喊了三声加油加油加油冲啊。冲到哪里？冲到小区里面去，挨家挨户敲别人家的门。可是我敲了几声之后，里面一个声音回答：“谁呀？”

我说：“我是推销百科全书录音带的。”

他说：“不用了，我家有了。”

我想你家既然有了就拜访下一家，又敲一家。他问：“谁呀？”

“我是推销百科全书录音带的。”

他说：“不用了，我家有了。”

我想你家既然有了就拜访下一家。

“谁呀？”

“我是推销新产品的。”

“不用了，我家有了。”

我说："我连卖什么都没有告诉你，你就说你家有了。"

他说："你不管卖什么我家统统都有了。"听完这个话以后我才感觉到，一般人不喜欢推销员。

第四家，我想再试一次。我就把东西拎在手上，嘴巴上不说我是卖东西的。

我说："大姐你好，我有急事，你快开门。"你猜这个大姐开了没有？开了。开了以后她看到我手上拿一包东西，她就关上门了。我发现一般人真的很讨厌推销员。怎么办？

拜访下一家时我说："大姐你好，我有急事，你快开门。"我记得当时我把产品偷偷地藏在楼梯口，身上放着一包百科全书的录音带，然后不让她知道我是推销员。她果然开门了。用不同的方法去做同一件事情，果然会有不同的结果。但是她开了门之后，我下定决心非要进去不可。我把门推开来站在她屋子里面，再把门关上。我决定今天一定要在她面前介绍产品20分钟不走掉。实际上我在里面呆了两小时。你一定会觉得我很优秀是不是？我告诉你错了，两小时从头到尾她在推销她的产品给我，她在跟我讲她的产品有多好，要我买一套。她说她正要出门拜访顾客，刚好我就上门了。你看到没有，我好不容易进去的，又遇到推销高手跟我反推销了。所以当时我在夺门而出之后，我在想一早上找了6家，都没有人要买我的产品，甚至被反推销，怎么办？

于是我跑去一个没有人会拒绝我的地方，我一推开门每一个人都说欢迎光临里面请，那个地方叫麦当劳。我到了麦当劳点了一杯可乐一包薯条坐下来，一坐坐到下午3点，一家都不想去拜访了，我心里挫折感太深了。回到公司我就骗经理："报告经理，今天很努力但是卖不掉。"

经理对我说："再接再厉继续努力，成功者不放弃，放弃者不成功，坚持到底你一定会取得胜利。"

当时他对我说完之后，还叫我明天早上一定要来开早会。所以第二天早上我又去开早会，早会开完又喊三声加油加油加油冲啊。冲到哪里？冲到麦当劳。因为我心里的那个挫折感还是很深，我还是一家都不想去拜访，坐到下午3点，回公司又骗经理。我骗经理骗了两天了，这当然不是一个推销员正确的做法。但就是有好多人会这样做，为什么？因为害怕被拒绝，于是在外面浑水摸鱼，表面上看起来好像很辛苦，实际上他并没有真正在拜访客户。第三天早上我又到了公司，开完早会喊三声加油加油加油冲啊。冲到哪里？冲到肯德基。我到了肯德基坐到下午3点。我记得当时我又回公司骗经理，报告经理我很努力，但是怎么都卖不掉。我经理听完这话以后又说没关系，再接再厉继续努力，成功者不放弃，放弃者不成功，坚持到底你一定会取得胜利。当时我连续就这样子每天跑到餐厅坐， 甚至会回家睡觉。就这样十天过去了，我当然一套都卖不掉。 我问经理，我们这份工作有没有保底工资？

经理告诉我有15000块，我心里还想浑水摸鱼，去骗取公司的底薪15000块钱。其实经理不给我发15000块钱是因为我没有卖掉产品，这是对的，我心里深处明白得很，但是我当时还是不能接受。我记得第11天开始到第20天的过程当中，我都没有去卖产品，一个客户都不去拜访。就这样子20天了，经理跟我提醒说你再卖不掉你就很危险，再卖不掉的话你就有可能会遇到不好的事情，请你一定要卖掉。我说：“经理，没办法，卖不掉就是卖不掉，产品太贵了培训不好，市场上不接受，公司宣传力度不够大……”我找了一大堆理由为借口，经理问我一句话，他说：“那个人跟你同一天进来，卖掉了30套。那个人比你还要晚进来，卖掉了20套。每一个人都卖掉产品了，为什么你卖不掉？他们卖的产品价格跟你一样不一样？”

我说：“一样 。”

“公司宣传一样不一样？”

“一样 。”

“培训一样不一样？”

“也一样。”

“那到底是谁不一样？”

我说：“当然是我自己不一样。”

同样的国家同样的改革开放同样的政治经济教育，但是有人成为亿万富翁，有人在街头要饭，到底谁不一样？是你自己不一样。同样的公司同样的背景，同样的文化同样的教育，同样的价格同样的培训，有人成为销售冠军，有人却成为卖不掉产品被市场淘汰的推销员，是谁不一样？是自己不一样。同样的学校同样的老师，同样的校长同样的课本， 有人考上大学成为第一名，有人考不上大学被学校退学，是谁不一样？当然是自己不一样。

当时我的抱怨被经理解决之后，最后十天我因为面子问题没办法，只好一天到晚去推销，可还是卖不出产品，最后只好卖给我妈妈一套产品。我妈妈买了一套2000元的百科全书录音带也不听。我心里想反正经理发给我15000块钱，除掉这2000元，我还可以倒赚13000块钱。事实上，世上怎么可能有这么好的事情呢？我当时却天真地以为卖不出产品也有底薪领，直到经理把我教训了一顿我才恍然大悟。他说：“你记住，世界上没有人可以保障你，企业保障不了你，公司保障不了你，国家保障不了你，政府保障不了你，你父母也保障不了你。只有谁才能保障你？只有顾客才能保障你。有顾客有保障，有顾客有饭吃，有顾客有收入，没有顾客连董事长都要下岗。”这句话是全世界有史以来最伟大的企业经理人，GE公司的总裁杰克·韦尔奇说的。

杰克·韦尔奇是谁呢？比尔·盖茨曾经说过一句话：假如我要学习，我只向杰克·韦尔奇学习。韦尔奇上任第一天说了一段话：

顾客才能保障你，从今以后我们GE公司没有顾客的部门或顾客不多的部门全部都要砍掉，所有人都必须下岗，再也没有终身雇佣制了。几十年前他在美国就提出这样的说法，是多么超前。换句话说假如你不喜欢做销售，是因为你认为做销售没保障的话，其实你会更没有保障，因为你不擅长创造顾客，你不擅长创造收入，你会更没有保障。销售是世界上最有保障的工作。因为能力就是生产力，当你擅长创造顾客以后，你就会有生产力，你就会有安全感。你把我丢到世界上任何一个地方，并且拿走我的财产拿走我的房子，拿走我的车子拿走我的一切，但只要让我见到人，我就能生存下来。只要你给我半年时间，我又可以净赚500万。为什么？因为我擅长销售。这种底气是来自你有能力了，是因为你知道你把话说出去，你可以把钱收回来，是因为你知道你只要提供顾客需要的产品，你就可以赚取到丰厚的回报。这难道不是一种保障吗？

有一次我在开一个销售培训班之前，有一个年轻人报名参加我们的销售培训班。他原来是一个销售主管，他交了几千块钱，竟然在开课前一天跑来要求退费。我问他为什么要退费，他说他跟他的老板意见不和，两个人闹翻了他不干了，他既然不做了，他还要来上这个销售培训班干什么。当时我跟他讲你来上课我跟你保证三天后，你一定会有收获，假如上完三天的课你感觉没收获的话我把学费退给你。所以他被我说服完之后，就跑来参加三天培训课。我的课有非常多的企业家来上，上到第三天的时候， 我要求每一个人上台介绍一下他自己。

当这个年轻人上台介绍完他自己的时候，我说他本来交了一笔学费，要来上这三天的课程，在前一天要退费，因为他的老板跟他闹意见，他辞职不干了，所以他认为学这个销售技巧也没用了。现在三天来的表现大家都看到了他表现有多么杰出，在课堂上他有多么认真，请问一下有谁愿意给他一个工作机会，让他去你们公司做销售主管。现场有70%的老板当场说我愿意，并且在下课之后跑去跟这个人交换名片，要这个人去他公司上班。当你是一名杰出的销售高手的时候，你怎么可能没保障？经济景气的时候需要推销员，不景气的时候更需要推销员，不景气的时候更需要擅长销售的人去创造业绩创造利润。但是景气的时候领死工资的有工资可以领，不景气的时候领死工资的就没有工资可以领了，他们可能就要下岗了，可能他工作都找不到了。**推销员永远不怕不景气，永远不怕没工作，销售是世界上最有保障的工作。**如果你能把“做销售工作没保障”这个误区给改过来的话，你开始接受推销的心态已经被建立起来一点儿了。

第二，感觉收入不稳定。我曾经在刚开始做销售的时候跟我爸爸谈过话，我爸爸说你不要做销售，你个性内向害羞不适合。我说不对呀，就是内向害羞我才要改变我自己。他说你赚不到钱的，如果你改变自己改变不过来的话，你不但赚不到钱而且会很辛苦很累的。我说不对，有人可以赚到100多万你知道吗。他说那是别人不是你，我了解你，你是我儿子你不适合的。我说爸爸你为什么不肯让我试一试。他说我告诉你就算你收入增加了，也有可能会下跌，收入太不稳定了。我说爸爸就是不稳定才有不稳定的高嘛。他说那万一会有不稳定的低怎么办。我说会有不稳定的低，但也有不稳定的高。什么叫不稳定？不稳定代表会有高也会有低，会有低也会有高，所以为了赚取高收入，你愿不愿意去挑战那个不稳定的收入？如果不愿意的话，你永远只能领卑微的死工资，你永远只能领一点点可怜的死工资。如果你想要赚大钱的话，你要记住就是因为销售不稳定，我们才有高收入。

第三，认为做销售求人没有面子。为什么你会认为做销售是求别人没面子？那是因为你没有把你自己推销给你自己，你也没有把“销售”推销给你自己，你更没有把你的产品推销给你自己。一个顾客会掏钱出来买你推荐的东西，是因为他觉得花了这个钱得到的产品为他带来物超所值的利益。今天顾客掏1000块跟你买东西，是因为他感觉买完东西能够为他带来1000块以上的价值，甚至是1万块以上的价值。换句话说你卖东西给别人不是在求别人，是在帮助别人，是在贡献价值给别人，付出利益给别人。你怎么是求别人？

假如你今天买了这本书回去看，或者是买给你员工看，你们学会了这一套观念和技术之后，你们的业绩会倍增，利润会增加，我根本就认为你买这本书是你赚到了。虽然我们获得利润，可是你获得的利润更大，怎么会是我求你？是我帮助你给予你更大的利益。

曾经有一个做保健品的女士，她在我的课上问我，为什么她的业绩不好？

我说：“你为什么不去拜访大量客户？”

她说：“因为我胆怯我害怕，我没信心，我怕被拒绝。”

“你上来。”

她上来之后，我当时就叫她从身上拿出100块钱来，我问她：“把这100块拿去卖给别人10块，你敢不敢？”

这是一张真钞100元，她说当然敢了。

“你卖不卖得掉？”

“当然卖得掉。”

“如果有人不买的话，你认为是谁的损失？”

“当然是那个人的损失了。”

“叫别人拿10块跟你买这张100块，他拒绝你了，你认为是谁傻？”

“当然是那个人傻了。”

“那你怕什么？”

“不怕啊。”

“那就对了嘛，你为什么怕你的保健品被别人拒绝？是因为你自己心里面不觉得它物超所值10倍以上，不觉得你收别人的钱，带给别人更大的价值，就像你不觉得它值100块一样。如果你真的觉得你的产品物超所值，你是最好的，你是最棒的，你怎么会不敢卖东西给他，你怎么会不敢收他的钱，你怎么需要求别人？”

就像最近我的全年行程，排得非常满；从东到西从南到北，我们安排了200场的演讲。现在有人问我说，能不能安排4月几号到那边演讲。我说不行，因为我没有排行程。我自己要休息，要去学习，我也要跟家人相聚，所以我不愿意去帮他去演讲。后来他通过关系找到我的好朋友来请求我抽时间去帮他讲课，我只好勉强答应他。我们跟他开了一笔比较昂贵的出场费，但他还是愿意付。因为我带给他们的培训，让他们全公司业绩快速提升，所以他付给了我6位数字的出场费。我觉得我愿意卖给你产品，我愿意卖给你服务，是我帮助你而不是你帮助我，不是我求别人。

优秀的推销员跟客户吃饭，是客户请吃饭。优秀的推销员是客户配合他的时间，优秀的推销员是客户排队跟他买产品。只有三流的推销员，才是拜托别人买产品，才是拜托别人给他见面时间，迎合顾客的时间，低声下气去请别人吃饭。**做销售是世界上最光荣的工作，不是求别人的工作。**

第四，害怕被拒绝。做销售常常被拒绝，我不想被拒绝我害怕被拒绝我不喜欢被拒绝，这是世界上最大的误区。为什么？因为拒绝等于成功。一个人，他的观念一定有人反对，也一定有人赞成，没有一个人是全世界都反对，也没有一个人是全世界都赞成他的，再伟大的人也有人反对，耶稣基督有人赞成有人反对，释迦牟尼有人赞成有人反对，美国有人赞成有人反对，连本·拉登都有人赞成有人反对，连萨达姆都有人反对但也有人赞成，所以全世界没有一个人是100%的人都赞成他，也没有一个人是100%的人都反对他的。那么你不断去推销你的观念你的产品，不断提出建议给别人的时候，会有人反对，但也会有人赞成，所以被拒绝越多表示你行动量越大，行动量越大越有人拒绝，但同时也有人赞成。你不要管多少个NO，你要的是得到那个YES。行动了100次有80个说NO不重要，重要的是你得到了20个YES了。你要的就是那20个YES，如果你不想被拒绝，你从来不去推销将一个NO都不会听到，但你也听不到一个YES。这个世界上从不被拒绝的人，就是最不成功的人。美国总统只要有51%的选民选他他就当选，但是你不要忘记还有49%的人不选他，被49%的国人拒绝，却当上了美国总统。被拒绝是不是等于成功？因此我们要热爱拒绝喜欢拒绝，要欢迎拒绝。根据几率法则，被拒绝越多成功也越多。所以常常被拒绝的人收入高，而不愿被拒绝的人，就会没有什么收入。

第五，认为自己的职业与销售无关，所以不需要学习销售技巧。很多人常常说我是后勤的，我是搞技术的，我是搞管理的，我不需要推销，我不需要学你的任何销售技巧。这是天大的误区，每个人都是推销员，任何行业都需要销售技巧，不管你是总经理、副总经理，不管你是技术、后勤、客户服务，哪怕你在接电话你都是推销员，因为这个公司的售销带来业绩，业绩带来利润，利润带来每个人的福利，增加利润人人都有责。我们公司每个人都是推销员，我们公司发非常多的薪水给后勤人员，也发非常多的薪水给技术人员，也发非常多的薪水给客服人员，但他们都知道他们的每一分钱都来自销售，他们都全力地帮我们做销售。

就算你不是做销售产品的，你都在推销你自己。领导人在推销你自己的观念，属下才会跟你意见统一，企业家在推销你企业的形象，所以蒙牛要出来演讲，牛根生出来要跟市场面对面接触。老师在推销学问、观念和方法技术能力给学生，学生才会听话才会考试考高分，才会热爱学习。父母在推销爱心给孩子，老婆在推销爱心给老公。不会推销的人你的老公会不爱你，不会推销的人你老婆会跑掉，因为你不会推销你自己。曾经我在讲课的时候遇到了一个案例，她说我先生在外面养狐狸精。什么叫养狐狸精，就是有外遇的意思。我看过一个报道为什么男人爱在外面有外遇，有一个社会学家作调查：外面所谓的二奶或者是狐狸精即小老婆跟大老婆的差别。他们对比了13项，比方说个性相貌能力，比了13项发现家庭主妇赢了1项输了12项。赢哪一项？烧饭洗衣服带小孩子。输哪12项？不管是个性温柔体贴语言能力，全部都输。为什么？最后有人说是因为这些家庭主妇，她们不会推销自己，她们婚前的时候很会推销自己，温柔体贴打扮得非常好，相貌非常美丽，这就是在推销自己。但是婚后售后服务不好，所以老公要退货。婚后一天到晚凶巴巴的，也不知道要温柔体贴支持老公，就会跟他吵架，每天都麻布袋一套，也不穿得漂漂亮亮，头发也不梳，嘴里咬块肥猪肉在那边，老公一天到晚怎么不回家，老公怎么那么晚回来呀，你在搞什么鬼呀。你这样子怎么会有人喜欢你。我跟那位我的女学员讲完这话以后，她开始掉下眼泪，她说我婚前很会推销我自己的，但是现在我差点要被退货了。

每个人都是推销员，连家庭主妇也是推销员，任何行业都需要销售技巧，哪怕你是一个最棒的工厂你也需要接订单。所以亲爱的读者，从这一秒钟开始你要把你过去所有对于销售的负面想法统统扔掉，把那些误区统统给改掉，对销售建立正面的认识，开始去迎向销售，学好销售做好销售。绝对成交要先成交你自己，把两件事情卖给你自己，第一把你自己卖给你自己，第二把推销这件事卖给你自己。

第二章　销售最重要的五项能力

销售能力是怎么来的？是与生俱来，还是后天养成的呢？

在认识销售能力之前，先要理清能力与自我认定之间的关系。我们要先知道，一个人的自我认定越好，他的能力就会越强。

记得我在读书的时候，常常对我的父亲说，我不是读书的料。我父亲就说，你只要认真读书，今天晚上学习到12点，你明天一定考得好。我当时头脑里面就认为我不是读书的料，我干吗努力读书呢，就算学习到晚上12点我也考不好，所以我就马马虎虎学习到晚上12点，第二天当然考不好。一考不好，我又会说，你看吧，我就不是读书的料。当时的我自我认定很糟糕，有些负面的信念，会导致负面的结果，而负面的结果会导致你更加负面的信念，这就会进入恶性循环。但有些做事很有把握的人，他说这个事我一定办得成，这个顾客我一定能搞定。他相信自己做什么事都一定会达到目标，所以这种自信会导致他做事的时候积极，遇到问题不放弃，最后导致他做事情真的达到了他预先设定的结果，反而他会说，你看吧，我就说过我做什么都一定会达成目标的，所以导致更强大的信心，这叫做良性循环。所以你头脑中的自我认定，决定了一个人的能力。一个成交高手一定要具备以下五种能力，改变你的自我认定就可以改变你的能力。

能力之一：开发新顾客

销售最重要的第一项能力，叫开发新顾客。

很多人说我业绩不好，是因为我没顾客了，是因为我没有名单了。其实你不是没有名单，也不是你不会开发新顾客，只是你的自我认定出了问题。你告诉自己你不会开发新顾客的这个想法，导致你不去积极开发新顾客，事实上，客户满街都是，准客户到处都有。只是因为你认为你不会开发新顾客，于是你关闭了你的心灵，你不去寻找任何的方法或者机会或者场所，你当然遇不到理想的顾客了。

在上文提过乔·吉拉德的顾客都是争先恐后排队来跟他买车的，他不用上门开发新顾客，所有顾客上门来主动跟他买车，原因就是在他用名片铺成的一条路，他的客户顺着他的名片铺成的路来找他买汽车，事实上是他广发名片这一个动作让他变成了开发新顾客的专家。

乔·吉拉德有一次演讲，在三楼的会议厅，我跑去听课的时候，从一楼进去。有人拦住我说先生你是来听乔·吉拉德先生演讲的吗？我说是。他说给你一张乔·吉拉德先生的名片，结果走到二楼的时候，又有人发名片，说先生你是来听乔·吉拉德先生演讲的吗，我说我有名片了，他说没关系再给你一张。到了三楼的时候又有人拦住我，先生你是来听演讲吗？我说是。他说给你一张乔·吉拉德的名片。我说我有两张了，他说没关系再给你一张，结果我走进会场里面等着，大会开始的时候，又有人到我面前来发名片说，这是乔·吉拉德的名片。我说奇怪你们在搞什么鬼，发这么多乔·吉拉德的名片干什么？结果，当主持人说让我们欢迎乔·吉拉德先生出场，乔·吉拉德从后门出场，在3000多人面前一边走一边撒名片，一边走一边让名片飞出去，飞了十几分钟终于走上台。上台以后，他甚至把身上所有的口袋的名片全都掏出来往台下扔，最后再把自己鞋子都脱了，连鞋子里面都有名片往下扔。乔·吉拉德最后拿一张椅子站在椅子上，拿一个箱子往下一撒，撒的全是他的名片，他说我就是这样成为全世界最伟大的推销员的，请问一下，你们还有什么问题没有？台下一听傻眼了， 就这样成为全世界最伟大的推销员吗。他说是的，一般人发名片最多一次发一张，一个月能发掉一盒已经不错了，但是乔·吉拉德在卖汽车的年代，他一个月发500盒。我问他你现在已经不卖汽车了，为什么你还发这么多名片，他说因为我还是要推销我自己啊，我在全世界演讲我有写书啊，越多人认识我的话，越多人买我的书听我的演讲。他回到饭店，在他饭店的楼下遇到服务员，他一样会跟服务员微笑：你好，我叫乔·吉拉德。照样推销他自己。

这么简单的一个动作，我们每个人都会，只有当你的自我认定出问题了，才无法实践。要相信，你是开发新顾客的专家，要不断地对自己说：**我是开发新顾客的专家，我是开发新顾客的专家，我是开发新顾客的专家**。当你真的相信你是开发新顾客的专家的时候，也许你坐公车都可以开发新顾客，也许你走路踩到别人脚你都可以跟他认识一下，说对不起我改天亲自登门向你道歉，请你留下你的姓名电话好吗。你可能上厕所都可以开发新顾客。开发新顾客，需要的就是一个结交朋友的能力而已。你喜欢交朋友，喜欢别人的话满街都是顾客。

你看到人在走路，都跟看到钱在走路一样，只要你相信你是开发新顾客的专家。

能力之二：做好产品介绍

销售的第二个最重要的能力是做好产品介绍。

很多人的顾客很多，他的名片被收集到了，但是他不擅长产品介绍，他也不跟客户做产品介绍，只是闲聊，结果他交了很多朋友，可是产品没有卖出一个。因此我们要善于在跟别人打交道聊天的时候把自己的产品给推广出去。为什么大多数人不会产品介绍？因为他经常对自己说，我口才不好我不会产品介绍，我不懂产品知识。其实不是，真正的产品介绍，用不着懂很多产品知识。销售是信心的传递，是情绪的转移，在讲产品的时候，你那种热爱产品的兴趣传出去了，就会让别人感受到你的热诚。于是你将产品的价值只要讲出几个优点就把价值给塑造起来了，当你把价值塑造得比价钱还要大的时候，别人就有兴趣向你购买。物超所值的感觉出来的时候，别人就会掏钱跟你买东西了。有一次我去买家具，经过了一个又一个家具摊子，因为我不喜欢他们的款式，就想要离开。当我走出家具城的时候，有一个人拉住我说："先生先生，我看你刚刚都在看茶几对不对？"

我说："对呀。"

他说："你看看我的茶几。"

我说："看了，都没有兴趣。"

他说："先生，等一下，我保证你看了会有兴趣。"

我说："什么兴趣？"他拿出一个榔头来，拿着那个铁锤，往那个玻璃上敲下去。当时我吓了一跳，生怕他把那个玻璃给敲碎了喷到我。结果他敲完之后，清脆的声音响完，玻璃依然完美地挺在那里。

他跟我说："先生看到没有，这是钢化玻璃，你买一般的玻璃就算800~1000块，好像很便宜，实际上小孩碰破了你又要换一个。

现在我们这个1800块钱，好像比别人贵，但是你看看，它再怎么敲都破不了。先生，你要不要来试试看？”

他甚至用脚去踩去踏那个玻璃，玻璃稍微有一点弧度弯了一下，但是依然是保持原来的完美状态。当时我对那个玻璃立刻产生兴趣了。他用了一个小小的动作，甚至是互动让我跟他动起来。通过这种现场演示的方法来突显、塑造产品的价值，不失为一个完美的产品介绍方法。不是很会讲什么叫钢化玻璃，讲玻璃的成分，讲玻璃的知识，才是产品介绍，而是你对产品的极大的热诚传出去，你用一个很有创新的方法，很有创意的方法，跟顾客作沟通和交流，而不是把你公司教你那一套死板板老掉牙的产品介绍方法原封不动地一字不漏地背给顾客听他就会买，那是错误的想法和做法。

还有一次我去听一个公司的年会。那家保险公司请出全公司最优秀的销售标兵，也就是保险公司第一名成交高手出来演讲。这个成交高手说，他只要进客户家门了，客户90%都会听他讲保险，80%都会跟他买保险。而一般保险业务员很纳闷，一般很难进别人家里面，一进都被别人轰出来。或者进去讲到保险没几句，又被别人赶出来，最后会有买保险的人那更是少了。这个人是怎么卖掉他的保险的？他说，他到客户家里，会跟客户要一杯水喝，然后，喝了一口，他就把这个水放在茶几的边缘。这时客户会很紧张说这个茶杯请不要放在这么旁边，太危险，就把茶杯放在茶几中间。而这个时候保险业务员问，你为什么要把茶杯放里面，放旁边不行吗。客户马上会说不行，太危险，万一打翻怎么办。结果这个保险销售人员就说这位先生你连杯子都那么害怕它打翻，担心它有风险，何况是人呢？今天我来带给你的是人的安全和保障，让你避免人生的风险。他这样的一个动作立刻激发了顾客的好奇，两个人交流的时候立刻产生了共鸣点。他用了一个很有创意的方法，创新的产品介绍开场白，让别人不可抗拒。所谓的要给自已带来保险避免风险的这样一个观念，这就是完美的产品介绍的案例。你的产品优点是什么，特色是什么，找出你产品最大的卖点，并且用一个很有创意的方法让客户迅速产生兴趣。改变你的想法，要认为你是产品介绍的高手。当你对自己不断地说你是产品介绍高手的时候，你的信念会激发着你跑出来种种的灵感，这些灵感会让你在顾客面前有完美的产品介绍方案的。信心很重要，对自己不断地说：“我是产品介绍的高手，我是产品介绍的高手，我是产品介绍的高手；我现在就非常擅长产品介绍，我喜欢产品介绍。我知道我说出来的每一句话客户都非常爱听。”就这样子不断地说给自己听。当你对自己不断这样说的时候，也许刚开始你不太相信，也有点不习惯，但没关系，说久了你就会发现，产品介绍很容易很简单，说久了你接受这个想法以后，你的能力就提高了。

能力之三：解除顾客的抗拒点

销售的第三种能力叫做解除顾客的抗拒点。

很多人说我不会解除顾客的抗拒点，顾客有问题我解决不掉，顾客的怀疑我无法回答他，无法让他相信我。事实上，不是你不会，是你的自我认识出了问题，是你自我设陷，你把自己的灵感给消灭了，你抑制了你的能力了。所以在学习解除顾客的抗拒点之前，你必须先改变你的思想，对自己说不一样的话，开始说：我可以解除顾客任何的抗拒点，我可以解除顾客任何的抗拒点，我可以解除顾客任何的抗拒点。

当你相信你可以解除顾客任何的抗拒点的时候，请问如果你真的可以解除顾客任何抗拒点，顾客有抗拒解不解决？当然解决了，解除不掉也到解决掉为止，解决到顾客真的下定决心购买你的产品了你才可以走。这样你的业绩就好多了，你的能力就表现出来了。为什么你解除到一半，顾客反对你就会走掉呢？因为你不相信你是解除顾客抗拒点的高手，你不相信你能解除顾客每一个抗拒点，当你不相信你能解除你面前的人的抗拒、怀疑和反对的时候，你当然会走掉。而走掉的结局就是再也没机会了，你必须在当场就解除顾客的疑虑。

世界顶尖的潜能激发大师安东尼·罗宾在17岁的时候，被他妈妈赶出家门。他为什么被他妈妈赶出家门？因为他发现家境不好，他上学的时候别人都穿长裤，而他在高中一年级长到两米多高，他原来的长裤就变成七分裤了，他家里又买不起好的食物给他吃，父母亲又经常吵架，他妈妈婚姻生活又不好，改嫁了四任老公。有一天他回家问他妈妈三个问题，他说："妈妈，为什么我才17岁就已经换了四个爸爸？"他妈妈一听火冒三丈。

他又问："妈妈，为什么全校都有火鸡大餐可以吃，我们家连鸡头鸡脖子鸡屁股都买不起？"

他问他妈第三个问题："为什么我是全校第一个穿七分裤上学的人？"他妈妈说："你要不喜欢这个家你就给我滚出去。"他说："滚就滚。"

他身无分文睡在街头，跑到银行去打工帮别人扫厕所，每天扫厕所扫七八个小时，一小时赚几分钱美金。他每天都想找成功的机会，但是扫厕所当然不会成功不会赚大钱不会成为亿万富翁。

有一天他朋友跑来跟他讲，安东尼你真这么想要赚大钱的话，有一个人叫吉米·罗恩，可以帮到你，我建议你去听听看吉米·罗恩讲课。当时他一听立刻跑去参加吉米·罗恩的演讲课程。吉米·罗恩演讲两个小时，给了安东尼·罗宾两个很重要的启发：第一，努力不一定会有钱；第二，赚钱必须找方法，也就是努力用对的方法才会赚到钱。如果你想学，我们即将要在下个礼拜开一个为期三天的培训课程，学费不贵，只要1200美元。当年，对在银行里扫厕所每小时赚几分钱，又被妈妈赶出家门的安东尼·罗宾而言，1200美元简直是天文数字，何况是在20多年前。当时安东尼·罗宾马上回答说老师你的课很好但我没钱所以我不能来上课，我也没有时间也不能来上课。

吉米·罗恩是当时全美国最顶尖的激励大师，他当然不会让安东尼·罗宾找借口，安东尼·罗宾这么想要改变自己但却找出借口。当一个人有梦想的时候是很好很伟大的，但当一个人又有借口的时候，借口更伟大，借口的力量比梦想更大，同时有梦想又有借口，借口一定会占上风，借口会把梦想给打灭、打消的。所以安东尼·罗宾当时找完借口之后，吉米·罗恩就问你到底是缺钱还是缺赚钱的本事，安东尼·罗宾说我应该是缺赚钱的本事。你就是因为缺赚钱的本事才应该来上课，你没钱不来上课，继续没本事，继续赚不到钱，继续赚不到钱还是不能来上课。你什么时候才会有钱。安东尼·罗宾听完以后说："我听懂了，我就是因为没钱我才更应该上课，现在我没有1200美元没有关系，我下定决心一定找到1200美元来上课。"

只有一周的时间，他问自己到底哪里能借到钱。他所有朋友都不相信他，他只好跑去找银行贷款。他去银行信贷部，经理说你未满18岁，没有父母担保，又没有汽车担保，又没有房子担保，没有正式工作所以不借。他跑了一家被拒绝，两家被拒绝，被46家拒绝后有一家银行的工作人员说你竟然为了上课去跑了46家银行借1200美元，我很感动，银行是不可能借你钱的，我个人掏腰包借你好了。安东尼·罗宾借到1200美元去上课，上完课之后他知道要成为有钱人必须从销售做起，于是他放弃了扫厕所的工作，开始去销售吉米·罗恩的教材。他认为要有钱必须先帮有钱人工作，他想变成跟吉米·罗恩一样的人，所以他加入了吉米·罗恩的机构。他当时推销的教材，也是1200美元一套，是书加录音磁带，是在家里面自学的教材。这时候安东尼·罗宾开始第一个月拜访客户。陌生拜访，100%的成交率，也就是说只要他进得了别人家门100%能成交。他到底怎么样达到100%成交率呢？就是因为他太相信顾客应该买，他太相信这个产品能帮助别人，他坚决地相信顾客的抗拒点是顾客的借口，是阻止顾客成长、阻止顾客改变最大的杀手。他坚决相信他能改变这么大，他也能帮助顾客，所以他要解除顾客所有的抗拒点，排除顾客所有的借口。于是他拜访了一个顾客，这顾客说安东尼·罗宾你讲得很好，但我没钱，1200美元太贵了。安东尼·罗宾听完马上说，这位先生，我17岁被妈妈赶出家门，在银行里扫厕所，流落街头，每小时赚几毛钱美金，我为了要上三天的课程跑了46家银行，去借了1200美元。你30多岁，有房子有车子有正式工作，有老婆有小孩有银行信用卡，你怎么可能没有1200美元呢？这客户一听对啊，我怎么可能没有1200美元。好吧，好吧，跟你买。他又拜访了一个客户，听他介绍了这个教材3小时。3小时之后这个客户说，安东尼·罗宾你讲得很好但我要考虑考虑，安东尼·罗宾马上说，先生，我讲了3小时，你竟然说你要考虑考虑，那表示你一定是没听清楚，或是我没介绍清楚，对不起，让我从头再讲一遍。他竟然再从头介绍这个产品，介绍了3小时，客户总共听了6小时。客户一听头晕了，说算了跟你买算了。客户说没钱，他说你不可能没钱，客户说考虑考虑，他说肯定是你没听清楚，就这样抱着坚信他的产品、客户一定要买的信念，把每一个客户的问题统统解决，达成第一个月100%的成交率。

想一想看，你为什么被客户拒绝一两次就调头就走？那是因为你没有坚定解除顾客拒绝的信心和能力。

能力之四：成交

当你是开发新顾客的专家，开发大批顾客，当你能有完美的产品介绍，当你能解除顾客每一个抗拒点的时候，你的业绩会不会一定提升？为什么？因为解除完抗拒了还要成交。所以销售的第四项重要能力，叫做成交。

为什么很多人解除完抗拒却不会成交？其实很多销售人员都不敢成交，很多销售人员在成交那一刹那，明明知道该成交了但他害怕了，心跳加快，呼吸急促，开始冒汗，他开始觉得自己是不是不该要求顾客成交了。他那一刹那心里想顾客可能不会买，顾客会拒绝他，所以当他鼓起勇气要求成交的时候，顾客感受到了他那种唯唯诺诺犹豫不决的状态。热情会传染，热情有感染力，而犹豫不决也会传染，犹豫不决的心理也会传染给顾客。当你应该坚决要求别人成交的时候，那一刹你内心犹豫不决了十秒钟，你客户感受到了你的犹豫，可能他本来要买的，他都会对你说我要考虑考虑。因为他觉得你自己是不是对产品好像没什么信心的感觉，于是导致了你要求成交但是被他拒绝了。因此成交是一种能力，但更是一种思想状态，你为什么不敢要他成交，因为你害怕被拒绝。所以你头脑里面的思想，想错了，你应该想他会成交，你应该想他会买，你应该想顾客很乐意购买我的产品，你应该想我面前的顾客一定会买我的产品，**你应该大声对自己说：每一个顾客都很乐意购买我的产品，每一个顾客都很乐意购买我的产品，每一个顾客都很乐意购买我的产品**。你必须把自己的思想改造成这个样子，坚信别人会买。因为你坚信别人一定会买，所以在该成交的那一刹那你会开口。开口后大不了他不买，反正你不开口他也不买，但万一他买了你不是得到一笔生意了吗？所以开口总比不开口好。

成交没有技巧，成交的关键就是两个字：要求。你不敢要求所以你成交不了，要求，坚决地要求，如果顾客从头到尾听到这里为止，顾客抗拒点都解决完了，你是应该要求他签单了，你应该要求他付钱，你怕什么呢？如果你真的100%有信心的话，你应该果断地开口要求才对。

在美国曾经有一个卖厨具的公司招聘了一批推销员，这批推销员有一个小小的故事。业务经理非常讨厌其中一个推销员，所以在培训了五天五夜之后，他要整一整这个推销员。他把这个推销员找来说："我给你一个名单，这个名单是我们全公司最棒的一个顾客，谁去拜访他，他就会跟那个推销员买东西，所以请你去拜访他，你会立刻产生业绩的。"这个推销员深信不疑，非常感谢经理的帮助。其实经理根本是骗他的，经理给他的名单是全公司最烂的一位顾客，谁拜访他，他都不买，但是经理想故意整这个人，可是这个人却很相信经理的话。在他要离开时经理又把这个推销员给叫回来："年轻人你回来，刚刚我跟你讲这个顾客一定会买你的产品，但是你要注意，他刚开始会故意拒绝你，他会故意说不买，你们产品品质不好、质量不好、价格不好、服务不好，我绝对不跟你买……这些话你不要相信，他拒绝你是在考验你，拒绝得越多等一下他买得越多，你明白吗？"这个推销员深信不疑，感谢经理的好心提醒。这个推销员说："经理你为什么对我这么好，我要是没有听你这番话，可能就被他给骗出来了，所以经理你放心，我一定100%成交给你看。"

结果这个推销员真的去拜访那个老总。

"你好，××老总，我是××公司的销售人员，今天特地来跟你介绍我们的厨具。"

"你们公司来了太多人了，我都不想听，你给我出去。"

这个推销员心想：果然跟经理讲的一模一样，他开始拒绝我了，千万不要被他骗，他在考验我。

“××老总，是这样的，我知道你想赶我走，但是你听完我跟你介绍产品可以吗？”

“质量不好。”

“你以为质量不好其实是很好的，那我再跟你介绍一遍好吗？”

“服务不好。”

“你以为服务不好，其实是不对的，我跟你介绍我们的服务好吗？”

“价格太贵了。”

“事实上是不贵的，老总，听我解释好吗？”

老总生气地说：“你给我滚出去！”

他想：老总果然在赶我走了，老总赶我走的时候是在考验我刺激我，经理跟我讲过这个老总是好顾客，只是在暂时欺骗我而已，千万不能被他给骗了。

“老总，请你相信我，今天买我的产品一定不会错的，让我给你介绍好吗？”

“给我滚出去！”

“你不要再赶我走了，我知道你会买的。”

“你给我滚出去，我不会跟你买的。”

这个推销员心里还想：太好了，的确跟经理讲的一模一样，拒绝越多等一下买得越多。

“老总，你不要再拒绝我了，我相信你会买的。”

“我不会跟你买的，你快走吧。”

“你会买的。”

“我真的不会跟你买的，你快给我滚出去吧。”

这推销员一想真的跟经理讲的一模一样，太棒了，太好了，这时候他坚持到最后：“老总你会买的对不对？”

“不会。”

“会买的。”

“不会。”

“你明明有需要。”

“不需要。”

“让我再跟你介绍一遍。”

“你给我走。”

“我很有耐心的。”

“你快走。”

“你怎么赶我都不会走的。”

“你厚脸皮。”

“不是，我真心要帮助你。”

这老板一听气得半死，拍着桌子说：“我从没见过你这么不要脸的推销员，做生意这么多年没见过你这么厚脸皮的人，这个人真是脑子有问题，是不是我怎么赶你，你都不走。我今天服了你了，就跟你买一套产品了。”

这个推销员一听心里还笑了：哼，你早就会跟我买，还演戏演得这么像，经理早就跟我讲过了。他不好意思揭穿顾客，于是他就跟客户讲说：“好吧，谢谢你的支持，其实我知道你会买的，你刚开始太生气了，你考验我也用不着发这么大脾气，你演戏演得实在是太像了。”

这客户气冲冲地赶快付钱签单把他赶走，这个推销员拿着产品的订单和钱回去跟经理讲：“经理，你看我把订单拿回来了，谢谢你跟我介绍这个客户。”

经理吓一跳：“你真的拿到订单了？”

“经理你不是告诉我，他是全公司最棒的顾客吗，怎么你不相信我拿到订单了。”经理说不出话来了，经理是骗了这个推销员没错，但是因为推销员他坚定不移的想法，他被骗得太彻底，他积极的思考信念投射到他的行为上，而他行为坚持到底的要求，导致了客户真的跟他买产品。

当你坚信顾客会买，你是不会放弃要求顾客购买的。你要相信你面前的顾客100%会买你产品，而大多数推销员在销售结束的时候是不敢要求的，就算敢要求也要求一次就放弃，就算敢要求一次，两次就放弃，就算敢要求两次，三次被拒绝就放弃，就算敢三次四次，四次以上也会放弃。四次以内就放弃的销售人员占96%，只有4%的人在销售的时候敢要求五次甚至五次以上。被拒绝了还继续要求的只占4%。根据营销协会统计，60%的生意是在要求四次以后成交的，换句话说，只有4%那个坚持到底的销售人员能拿到60%的订单，而剩下40%的订单有96%的人在争取在抢。你要是那4%肯坚持开口要求四次以上的人，你会得到最大的市场，你要是那96%不敢要求四次以上的人，你只能跟96%的人去抢可怜的、少数的40%的生意。有人说不对，有时候我要求顾客两次或者一次他也买了，并不用四次。其实可能是这样，有一个客户，别人推销产品给他，结果顾客说NO那个人就放弃了。过一两个月同样行业推销员又去他那推销一次，这个人又说NO，两次了之后第三个推销员在一个月后又去推销，这客户听了三次了，感觉可能要买了，但是还是说我要考虑考虑，所以这个人又走掉了。第四次这个人去推销的时候，刚好客户一听好吧，头脑里面想既然这个东西那么多人来跟我介绍，我听懂了决定要买了。刚好那第四个人是你，你一出现他刚好跟你说要买，所以你很幸运你只一次就成交了，但是事实上也是客户拒绝了别人超过四次才购买的。

换句话说每一次要求顾客购买的时候被拒绝就走掉的人，是在为下一个推销员铺路，每一次顾客说NO的时候你就走掉，你等于帮下一个推销员做生意，帮下一个推销员做产品介绍，所以你做白工。如果你拜访顾客听到他说了五次NO最后第六次成交了，如果你成交一笔生意是5000元的订单，那5000元订单你能赚到比方讲20%是大概1000元，那1000元是你的佣金收入，但是你是在被拒绝五次之后第六次成交的，等于说你每被拒绝一次你赚到了200元第二次又赚到了200元，五次200你赚到了1000元，只是这个1000元在第六次一次付给你而已。被拒绝一次能赚200元，开口要求他说NO一次你赚200元，你一定想大量的听到很多的拒绝。假设你相信顾客一定会买，你家方圆500米之内的顾客如果都会买的话你开不开口要求？开口。为什么到现在为止你还没有开口要求你家方圆500米之内的每一个顾客？因为你不相信他们会买。

一个想法改过来，你的行动力就变强了，你的成交能力就变强了。顾客不会自动成交而是被引导成交的。所以你头脑的想法会影响成交的结果，而这是需要技巧的。这在后面的章节里会详细讲解，我们现在先不要学任何成交技巧，只需先成交自己的一个想法：每一个顾客都很乐意购买我的产品。

能力之五：售后服务

当你有大量的顾客被开发进来，又完美地介绍了产品，又解除了顾客的每一个抗拒点，又能够大量地成交，业绩会不会就一定提升？还是不会，因为成交了顾客有可能会后悔，后悔就会退货。当顾客退单了，你前面的努力统统白废，**所以销售最重要的第五项能力叫做售后服务**。很多人说我服务得已经很好为什么他还要退货？事实上还不够好。为什么？因为你要告诉你自己：我要提供给顾客世上最好的服务。什么叫最好的服务？服务永远不够好。服务永远不够好，你要好上加好。

曾经有一个推销潜能开发教材的推销员，他参加了一家公司潜能开发的教材的推销，在全世界36个国家的分公司当中排名第一名。这个人叫夏木至郎。夏木至郎是一个中国人，但是在日本当推销员。他曾经有一次在半夜12点突然想起来他没有打电话给顾客，约好明天见面的正确时间地点，他必须起床打电话。他睡到12点的时候突然把棉被掀开，把睡衣换下，穿上衬衫、西服，打好领带，然后梳头发，梳完头发之后喷香水，拿起电话来打电话给顾客，跟顾客说先生抱歉，12点这么晚打电话给你，因为我跟你说好今天晚上要跟你确定明天见面的时间地点，我们现在可以确定一下吗？确定好了谈话3分钟以后挂了电话，回到卧房领带脱掉西服脱掉，换上睡衣上床睡觉。他老婆骂他你有神经病啊你，你打个电话给顾客用得着大费周张吗，顾客又看不见你。他说太太你不懂我是一流的推销员，顾客看不见我可是我看得见我自己，如果我穿睡衣跟客户通电话，我感觉那不是我，我感觉那不是一流的推销员的做法，我感觉我对顾客不尊敬。顾客在电话中感觉得到我的态度对他尊不尊敬的，我穿上西装打领带，我就尊重我顾客，电话里面的语气都会不一样。夏木至郎提供给顾客的服务，好到顾客看不见他都要把自己打扮得非常正式的去打电话，这叫发自内心给顾客世界上最完美的服务。如果你是一名优秀的销售人员的话，你应该知道每一次的售后服务，都是下一次他购买产品的售前服务。

每一次的售后服务，都是下一次顾客购买产品的售前服务。乔·吉拉德寄卡片，每个月不断地寄，十年如一日，15年来从来没有间断过；夏木至郎打电话的时候，客户看不见他都要穿西装打领带。而你是怎么对待你的客户的呢？

我是开发新顾客的专家。

我是产品介绍的高手。

我可以解除顾客任何的抗拒点。

每一个顾客都很乐意购买我的产品。

我提供给顾客世界上最好的服务。

如果你真心相信这五句话，将它们输入了你的潜意识，让你心灵深处真心接受了，你真心相信了、你真的购买了这五句话给你自己的时候，你就会被开发出这五种能力来。如果你把这五句话统统都能做到了，你的五项能力就已经被开发出来了。每一次打电话给顾客洽谈合约之前，每一次要见客户之前，复习这五句话。并且你还可以对自己说：我可以销售任何产品给任何人在任何时候。改变你的思想跟观念，情况大不一般！

第三章 完美成交的十大步骤

16年来我学过了全世界所有一流的销售训练，看完了所有的销售书籍和光盘，我发现任何销售，都离不开这以下十大步骤。要达到成交，我们必先经历这十个步骤，将这成交的十大步骤准备好。

第一步骤：做好准备

没有准备就是在准备失败，没有计划就是要计划倒闭。

开一家公司我们要先对它有经营计划；做一次的推销，我们要对这一次的推销做一次全方位的准备。你计划这一次的成交额是多少，你要的结果你要先想好，对方需要什么，对方的需求你也要先想好，我的底线是什么。你销售不掉5000元的产品，你能不能销售1000元的产品，你都要事先想好。顾客会有什么抗拒点，你要事先推测一下，你要怎么去解答顾客的每一个抗拒，你要事先想好解答方案。最后你要如何成交，如何缔结业务，你都要事先想好。如果你事先不将这几个问题想好而是没有计划地去做销售，你很有可能谈话时走偏了方向，你很有可能会被顾客引导了。你的思维和讲话的方式决定你很有可能会被顾客的反对意见激怒了，让自己一时之间说出不适当的话，最后就算脸红脖子粗地争辩，也无法成交。很有可能你谈话费了很长的时间，大家感情非常好了，但是你还是没有达成交易就走掉了。

这是为什么？是因为你不知道你这一次到底要谈些什么，**所以你所需要做的第一项准备，就是对整个谈话的结果去做准备。**

第一，我要的结果是什么。今天我跟他谈话，我准备成交的金额是多少。

第二，对方要的结果是什么。他的需求是最想要什么，如果你不知道的话，你就无法去成交他。只要你让别人知道照我的话做，你会得到什么结果，别人就会照你的话做，当别人照你的话做，你也得到了你想要的结果，这就是最完美的销售。

第三，我的底线是什么。你想要成交1万元，你可能要要求2万元，因为他会说我少买一点好了，少买一点好吗？那只买1万元，也就达到你的底线了。

第四，你要问你自己顾客可能会有什么抗拒。

第五，你要问自己我该如何解除这些抗拒。

第六，你要问自己我该如何成交。

如果你这六个问题都问过自己了，你已经做好了初步的准备。接下来你还要准备什么呢？你要做精神上的准备，你要告诉自己：我是开发新顾客的专家，我是产品介绍的高手，我可以解除顾客任何的抗拒点，每一个顾客都很乐意购买我的产品，我提供给顾客世界上最好的服务，我可以销售任何产品给任何人在任何时候。当你精神上已经达到100%的对产品有信心的时候，你才可以出马做销售，精神上要先赢过对方。拳王阿里说我是最棒的于是打倒对方，没说我是最棒的于是被对方打倒，因为精神上你需要先赢对方。

精神上的准备做好了，**下一项你要做体能上的准备**。你需要有充分的休息，适当的饮食运动， 精力要充沛，销售的时候、成交的时候是一种能量的比赛。当你比他更有能量的时候他会向你买东西，当你看起来奄奄一息、萎靡不振的时候，他怎么可能向你买东西？所以一个销售人员要有良好的体能，需要良好的生活习惯。

下一项你需要对产品的知识做准备。你的产品能提供给顾客哪十大好处？你的产品到底为什么值这个钱？你的产品最大的两三个卖点是什么？顾客为什么一定要买你产品？最大的理由是什么？你要复习一下才能出马去做销售。

最后一项，你一定要彻底地了解顾客的背景，对顾客的背景做准备。原一平在推销他的保险的时候，成了全日本第一名的保险推销员，全世界排名前十大的保险推销员，他到底是怎么做的？他一个月有25天的时间是在做准备，只有最后5天的时间去成交客户，但那5天成交的量却是全日本第一。因为他是在彻底了解顾客的背景才出马去做成交。原一平到底是怎样彻底地了解顾客背景的呢？在这里我可以举个例子给大家看看。

比方他想去拜访一位董事长，他就会在董事长家的附近徘徊。当他看到佣人帮董事长送衣服到洗衣店的时候，他跟着这佣人在洗衣店附近，看着佣人走掉以后他马上跑进去问洗衣店的老板娘："请问一下刚刚这套西服衬衫领带是不是那个陈董事长的西服衬衫领带？"

老板娘说："是啊！"

"我能不能看一看，我对这个服装很有兴趣，我不知道在哪里买的，看看品牌我也想去买一套。"结果老板娘给他看，他看完以后要跑去买到一样的服装，一样的衬衫一样的领带。因为他知道有一个小小的心理学就是：人都喜欢像他自己的人。所以原一平，他要打扮得跟顾客是同类的感觉，当他买到一样的西服衬衫领带以后，他又在观察哪天佣人跑去取那套西服衬衫领带，于是他知道老板今天可能会穿这一套，他就穿得一模一样。那一套准备好的服装穿上以后，跑去陌生拜访，老板一看，怎么有一个人穿得跟我一模一样。于是他就说我是明治保险公司的业务员，我今天专程来跟你讲解很多理财的方案，只需要占用你15分钟时间。老板十次有八九次都会接受他进场，因为他看到一个很像自己的人，对他有好感对他有兴趣。

人都喜欢像他自己的人。原一平利用这样的方法，花25天在研究顾客背景，了解顾客是什么类型的人，然后再对顾客做销售。原一平还会跟踪奔驰车，因为他发现开奔驰车的都是有钱人，而他要卖大保单必须找大客户。当他跟着这个奔驰车去哪里运动，去哪里买菜，佣人去哪里接他的奔驰车，去哪边玩，他跟了一个礼拜以后，他对顾客的资料背景胸有成竹了。他又了解到今天下午3点，顾客会去健身俱乐部健身，于是他就先跑到健身俱乐部去，在健身俱乐部穿得跟老板一模一样的运动服裤子，梳一样的发型，在那边跑步。跑到一半的时候老板突然来了，这个人怎么穿得跟我一模一样？于是原一平就很好奇地也看着对方，对方很好奇地也看着原一平，两个人打完招呼就互相聊天。跑步跑累了，他们就去打网球，当原一平把网球拍拿出来时老板一看，你怎么连用的网球拍都跟我一模一样？连打网球的动作跟姿势都一模一样。最后打完网球了他们两个人去游泳，到了男更衣室原一平泳裤一套上，老板一看吓一跳，你怎么连穿的泳裤都跟我一模一样？你说我也不知道可能是巧合吧。连游泳的时候的自由式蛙式都一模一样。游完泳之后，老板很喜欢原一平，说你干脆来我家吃个饭吧。原一平说不了，改天你来我家吃饭，我们就约星期天，你说好不好？老板觉得原一平跟情同手足多年未见面的兄弟一样，所以决定去原一平家里。

原一平本来没有奔驰汽车的，但他为了要配合老板，他去租了一台奔驰汽车摆在门口。老板车开到门口，原一平一看：“你连开的汽车都跟我一模一样，不可思议，太像了。”

到了餐厅，原一平拿出来的菜，老板一看：“这一桌菜怎么都是我喜欢吃的？”

原一平说：“我不知道你喜欢吃这些，纯粹是我个人喜欢吃的，这是巧合。”

老板一听：“怎么这么巧，你到底是做什么的？”

“我在明治保险公司做销售保险的工作。我有很多老板朋友，他是某某公司社长，某某公司董事长，都跟我买保险。我为他们规划了很多理财性的保单，我自己也买了两份。董事长你要不要也买两份？你买了没有？”

老板通常最后一听，就说：“好吧，好吧，我也得买。我没问题我肯定跟你买。”

为什么原一平最后不用怎么介绍保险就可以成交？原因就是他

花了很多的时间在跟老板培养关系，培养信赖感，建立交情。原一平为什么能有这种能力？因为他彻底的准备，了解了顾客的背景。

十多年前我曾经去听过一场演讲。演讲的主讲人叫做麦凯先生，他的全名叫哈维·麦凯，被美国称为有史以来世界上最伟大的人际关系专家。为什么他的人际关系这么好？因为他很认真地研究每一个人，了解别人的需求，了解别人的背景、家庭、生活、事业、健康、爱好，他发现越了解顾客的时候他越能投其所好，别人就越欣赏、喜欢他，他的关系就越好。所以他开信封公司，专门卖信封给500家大企业，他要求全公司的每一个销售人员一定要填一份资料，这份资料他把它称为麦凯66。

为什么叫麦凯66呢？因为里面详细记载了有关于顾客生平的一切，包括顾客的生日、血型、家庭，什么时候结的婚，小名叫什么，读哪个小学初中高中大学，得过什么奖项，在什么地方第一份工作，在什么地方第二份工作，人生的目标是什么。全部详细地要求业务员对他的顾客进行调查，他发现这样调查的结果就是，每一次要去拜访某一个顾客之前，先复习一下这些顾客资料，复习完之后再出场去拜访那个顾客总是能说适当的话做适当的事，让客户感觉到非常喜欢、信赖和欣赏这个销售人员。

麦凯还说了一个故事：有一次他要拜访一个大企业老板，大企业老板不跟麦凯买信封，跟麦凯的竞争对手买信封，麦凯就派人调查有关这个顾客的一切资料，调查了两年。有一次他准备要打电话给这个顾客，他刚好不在，他的秘书就说我们老板去医院了。你们老板去医院干什么？小孩住院？他马上翻开资料发现小孩喜欢看篮球，喜欢迈克尔·乔丹，他立刻根据客户资料去投其所好。他认识公牛队的经理，他买了一个篮球寄给公牛队，要求经理签名，再要求经理把篮球给乔丹签名，乔丹签完名再要求经理把篮球给全部的球员签名。篮球寄给麦凯，麦凯寄到医院，小孩在病房里面本来是蛮痛苦的，收到一个大型的包裹。包裹收到以后打开一看，篮球，上面有乔丹签名。不可思议，全医院把小孩子当英雄一样说，你怎么有乔丹签名的篮球。在美国芝加哥体育馆里面，立了一个铜像是乔丹的铜像，孩子们经常打篮球之前都会跪下来向乔丹磕头拜一拜才进去打篮球，可见乔丹在美国人民的心目中尤其是芝加哥市的小孩心目中已经变成了一位神。篮球上面有乔丹签名，那个篮球就是无价之宝了。因为乔丹出场打篮球的时候，体育馆最后一排的黄牛票可能还要卖到1万美金，能到第一排去到前面给乔丹签名，那是多么昂贵的票价。

当他的父亲到了医院一看，“孩子你怎么不睡觉？”

“爸，我有迈克尔·乔丹签名的篮球。”他爸一看，“你怎么会有？”

“我不知道谁送我的。”一看是麦凯送的，“爸，麦凯是谁？”

“麦凯是卖我信封的那个老头子，他卖我信封卖了两年了，我都不跟他买。”“爸，你怎么可以不跟他买信封？不行，你一定要跟他买。”他爸一听就问为什么。“他这么关心我也会关心你，你跟他买就对了。”讨好小孩子，小孩子要求爸爸跟麦凯买信封了。这就是因为彻底了解顾客背景，才能做出相应的一些回应。所以准备十分重要，要想成交必须做好准备。

第二步骤：调整情绪到达巅峰状态

销售人员每天在与顾客沟通的过程中会遇到很多拒绝和反对，销售人员一旦被拒绝或反对，心情会陷入低潮，一旦进入低潮之后，再拜访下一个客户的时候，不容易让客户感觉到销售人员的兴奋跟热诚，客户反倒会给他更多的拒绝，更多的拒绝会导致更低潮，更低潮又会招致更多人的拒绝，这叫恶性循环。所以一个好的销售人员要擅长面对任何的拒绝和反对意见，客户不买你也要能够将低潮化为高潮，也要能调整情绪到达巅峰状态，甚至你根本不可以有任何的低潮。**销售人员最重要的一个技能，就是一定要学会情绪控制**。我在创富教育中设置了一门课程叫做Money Machine，在三天之内的15堂课当中，花两个小时的时间教别人情绪控制。很多人就是因为不会控制自己的情绪而葬送了自己美好的前程。当年张国荣就是没有控制好自己的情绪而跳楼自杀了。情绪控制不好的人，甚至连生命都会结束。

由于篇幅所限，这本书没有谈及读者情绪控制的所有技能，但我至少可以给你最直接的建议，那就是：你在拜访顾客之前先要闭上眼睛，在心灵中做一次预演，想象你跟客户谈话完美而成功的景象，包括你会说什么话，客户会怎么回应，回应之后你要怎么去回答，他会有什么抗拒，你要怎么解决，最后两个人怎样开心地握手，最后怎么样顺利地成交。你完美地想象，当你想象得越丰富越真实，这个画面成真的几率就会越高。心理学家研究，一个人脑海里面预先看到的画面越多次，这个画面会在潜意识深处引导他的言语行为配合这个画面而散发出一种磁场，让对方也去感受到这个人的信心。

曾经有三组小孩子，一组小孩子什么都不做，一组小孩子每天在投篮，另外一组小孩子站在篮筐下每天想象自己投进。30天后，什么都不做的人来投篮，没有任何的进展和进步，练投篮的这一组进步了17%左右，而想象练投篮的进步了30%左右。**想象力乘以逼真等于事实**。

全美国全世界唯一的一位历史上最大额保单的销售人员，叫干道夫先生，专做超级大保单，不到一年销售10亿美金，创人类史上最高纪录。干道夫先生每次出场之前，一定会先在家里想象完美的

成交客户的画面，然后再出场，这叫心灵预演。我在每次出场演讲的时候，一定会闭上眼睛想象自己出场演讲的完美画面，然后再出场演讲。你在拜访客户，开会做任何事的时候，先想象自己成功的景象再去拜访客户，你的销售会有完美的演出的。高尔夫球选手是在闭上眼睛想象挥杆出去球如何完美地进洞的画面之后才去挥杆，而他不一定能完美进洞，但他会更接近目标。赛跑运动员是在还没有鸣枪起跑的时候先想象自己一马当先的样子，然后听到枪声跑出去的速度就比别人都快，这叫心灵预演。奥运金牌得主都知道这个秘诀，而你身为销售冠军成交高手，你如果善用这个方法的话，你会将自己的情绪迅速提升到一定的状态当中。

我曾经听另外一个销售主管演讲，他是全台湾那一家销售保险公司的全台湾最高业绩的领导人，也就是团队冠军。我去听他演讲是想看看他的领导力是怎么发挥出来的，然而他一上台他就说，各位你们想不想天天快乐？我们说想。你们想不想让自己赚大钱？我们说想。他说想的话请音响师帮我放音乐，全体起立，起立之后我们开始来跳一段舞好吗。就开始在那边跳舞了。当他活跃地跳上跳下跳里跳外跳左跳右，跳了十几分钟气喘如牛的时候，他说各位，这就是我成功的秘诀。我们吓了一跳，跳舞怎么会是你成功的秘诀？直到我到他的营业处考察，我看到他开早会，他说全体同仁起立放音乐，开始跳热身操迪斯科。跳完之后他说现在全体出发拜访客户。大家都杀出去了。我才发现原来士气高昂就是改变肢体动作，士气高昂就是欢呼雀跃。当你的军队士气在最高状态的时候，不用多说了出去就对了。因为教太多也没用，最关键是状态。兴奋就会冲出去，你的团队就必须在一大清早早会结束后，就想立即迫不及待地站起来冲出去，把话说出去把钱收回来，这种军队才会是一个冠军团队。而我在晚上去考察他们营业处的时候，领导人又再度说各位，经过了一整天的拜访客户，现在我们都累了，全体起立放音乐，又开始跳迪斯科欢呼雀跃。跳了十几分钟，我一看搞什么鬼，早上跳完干吗晚上还跳。后来我才发现，他也不用讲太多，所有人心情已经被打击被挫折被拒绝，弄得很低潮，所以为了要让大家调整情绪再度地欢呼跳舞完之后，他们隔天才会重新出发。

改变肢体动作就是改变情绪最好而且最快的一个方法。以前你开心所以你唱歌，现在我教你唱歌你就会开心，以前你快乐所以你跳舞，现在我分享给你一个方法，你跳舞你就会快乐。试试看，你站起来活动活动，可以握紧拳头说YES，你也可以对自己加油说声YES。像球队一样，他们不管乒乓球打得好还是打得不好，他们都会握紧拳头说YES。当他们情绪被调整到最好状态的时候，他们才能继续赢球。不相信你仔细观察那些体育活动，你会发现成功的足球队、篮球队或者是赛跑的运动员，刘翔在跑之前他会做什么动作，或者看那些乒乓球选手，他们在打球不管打好还是没打好，都有一些特别的动作来激发自己的状态，最好的状态会让他有好的表现。

所以说成交之前第一做好准备，第二拿出最佳的情绪，调整情绪进入巅峰状态。

第三步骤：建立信赖感

一流的销售人员花80%的时间去建立信赖感，最后只需要20%的时间就能成交。三流的销售人员花20%的时间建立信赖感，所以最后他用80%的力气去成交，但也很难成交。顾客为什么会买你的产品？是因为信赖你，所有竞争到最后都是人际关系的竞争。同样的产品同样的价位同样的服务同样的公司，最后你到底要跟谁买？如果你有两个可以选择的话，谁跟你关系好你跟谁买。所以销售就是在交朋友，最高明的销售策略，就是把客户变成朋友。因为把客户变朋友了，你就不需要用销售技巧了，对朋友卖东西是很自然的，跟朋友买东西也是很正常的事情。如果你以前在销售的时候，你发现你口才很好，销售技巧很好，产品知识很好，最后还是无法成交，可能你不太擅长建立你的信赖感。

建立信赖感有哪些具体的方法技巧或者是注意事项？

第一，要做一个善于倾听的人。什么叫善于倾听的人？每个人都认为自己是世界上最重要的人，你我都不例外，团体照拿出来请问你先看谁？自己。所以每个人都是以自我为中心。如果团体照里面你样子没照好，你会说这张照片没照好。事实上并不是照片没照好，是你自己样子没照好，你就说照片没照好，这叫做以自我为中心。每个人都希望自己被别人重视，每个人都希望得到被重视的感觉。每个人都希望别人听他讲而忘记了要去听别人讲，所以每个人都不能带给对方很重要的那种感觉，大部分这样做的人的人际关系都不太好。你愿意听别人讲话，他就得到那种被重视的感觉。我曾经跟一些人聊天，发现很好玩，他们很爱讲，我很清楚，只要让别人畅所欲言地尽情发挥，我倾听他，他最后就会感觉到他很重要。他觉得我重视他，他能从我这得到快乐的感觉，他就很喜欢我，所以我就听他讲，他从头到尾一直讲我就一直听，最后，我没讲什么话，他却对我说跟你谈话发现真快乐，你口才真好。我都没有讲话他说我口才好，为什么？因为他跟我谈话很快乐。

有一次，乔·吉拉德在演讲的时候讲到一个故事，他毕生做错了一个最失败的交易，就是有一次有一个客户跑进来看汽车，他在详细询问了顾客要什么款式要什么价格要怎么付款的时候，他认为他已经十拿九稳能成交这个客户了，但他还提醒自己要倾听客户，所以他就跟客户话家常，问到工作、事业、家庭、孩子。客户聊到他的孩子上高中了，成绩有点不太好，以及他是怎么教育小孩的。结果这个客户就一直谈孩子，乔·吉拉德当时走神了，正在想自己的汽车等一下要怎么成交，要让客户买什么汽车的装备跟配备，于是谈完孩子以后客户很开心，就说乔·吉拉德先生跟你谈话很开心我决定跟你买车了。乔·吉拉德就开单，然后就准备要交车的手续，所有的合约办完毕以后，乔·吉拉德就很轻松，便再和客户聊了一下家常："这位先生，那您孩子多大了？"这位先生一听吓了一跳，心想：我刚刚跟他谈了那么长时间有关于我孩子，他现在竟然问我孩子多大了，他是没有仔细听我讲话，他只是装着在听我讲话，他不打算认真听我讲话，我也不打算相信他了。这位客户就说："乔·吉拉德先生我再考虑考虑，等我想清楚了我可能会来跟你买汽车。"乔·吉拉德不知道怎么回事，客户明明要买了，为什么在临买之前做了一次反悔呢？乔·吉拉德百思不得其解地看着客户离去，十多年后乔·吉拉德才拿起电话打电话问他，我现在已经退休不卖汽车了，我很想问问你，当年你本来要跟我买车，为什么最后不跟我买？人家才告诉乔·吉拉德，当初我跟你讲我孩子讲了多长时间，你竟然在最后还问我孩子多大了。对不起，你没有打算听我讲话，我就不打算跟你买车。乔·吉拉德从那一次开始受到了深刻教训，完整地上了一课。倾听有多重要，一个对别人感兴趣的人比一个想要别人对你感兴趣的人交到的朋友多得多。你要去对别人感兴趣倾听，少说多听，上帝给两个耳朵一个嘴巴就是多听少说，这样才能建立信赖感。

第二，要赞美。每一个人都喜欢别人肯定，每一个人都喜欢听到好话，所以你要给别人喜欢的东西，真诚的赞美而不是虚伪的赞美。什么叫真诚的赞美，讲出别人有但你没有的优点而且是你很羡慕的，这叫真诚的赞美。比方讲如果有一个人自己皮肤还不错，看到另外一个人说你皮肤真好，也许那个人皮肤没有你好，她听完会觉得你皮肤好你还故意嘲笑她皮肤不好。如果你小孩子考试成绩很好，你看到另外一个人的孩子你不要说你孩子考试成绩真好，人家可能会认为你在嘲笑讽刺他，你在突显你自己小孩成绩有多好。你要说你孩子性格真开朗我孩子就是个书呆子，性格就是没有你孩子开朗，我真羡慕你孩子，你这样讲别人可能还会觉得你是真诚地赞美别人。所以不是阿谀奉承一味地虚伪，而是讲出别人有，你没有而且你很羡慕的优点，这叫做真诚的赞美。

赞美一个人的行为，他就会重复不断地加强那个行为，你批评某一个行为，他就会停止消失那个行为。人会朝你赞美的地方走，人会朝你赞美的地方做，所以你赞美你的客户，能增进你们之间的关系，你就常常去赞美。

第三，不断认同他。前面讲过一个原则，每个人都认为自己是重要的，所以对方讲的话你常常同意他说对我很认同，有道理你讲得是没错，很好我学到了很多东西。常常这样讲对方也会喜欢你。

第四，模仿顾客。人喜欢什么样的人？像自己的人。人既然喜欢像自己的人，当你像顾客的时候，他感觉你们是同一类的人，他就喜欢你，喜欢你进而才会信赖你。英文“LIKE”什么意思，喜欢。“LIKE”又有另外一个意思，相像。当你LIKE别人的时候，就是像别人的时候，他也会LIKE你喜欢你。人会喜欢像自己的人，人也会像他所喜欢的人。你会不由自主地模仿你喜欢的人吗？夫妻结婚久了别人说你们有夫妻相，那不就是因为两个人结婚久了互相模仿对方吗？所以人会喜欢像他的人，人也会像他所喜欢的人。你先去像你顾客，顾客喜欢你了，于是他就会像你，所以他就认同你的观点。当你的顾客认同你喜欢你的时候，不就建立了这种信赖感了吗？假如我跟你说有一个人非常像你，样子跟你一模一样，你会不会立刻想认识一下这个人，想交这个人做朋友？你有没有这样一种经验，跟一个人认识了才一天，但是一见如故。为什么会这样？就是因为彼此之间很多共同点。你有没有跟一些人认识八年了，话不投机半句多？为什么？因为彼此有太多的不同点。所以相像是很重要的。

有一次，我去湖南长沙拜访一位董事长，第一次使用了模仿顾客这个方法，可是费了很大功夫的。

我到了董事长办公室，他就说：“杜老师，你好。”

我说：“老总，你好。”他说请进，我说你也请进。他说坐下来吧，我说坐下来吧。他叹气，我也叹气，他讲话喜欢这样。

“杜老师，这次来找我是什么事情呢？”

“这次是来跟你谈一谈合同的事情。”

他说：“杜老师，谈合约别着急，我也不是不想找你培训，只是考虑考虑行吗？”于是我就说：“董事长。”这时候，我看他是跷着脚我也跷脚，他叉腰我也叉腰，但是我看他被我吸引了，因为我讲话我也“董事长，基本上这个事情。”这时我就放下脚，我一放下脚我看他也放下脚，他放下脚我身体往前倾，我看他也往前倾说："杜老师，你讲得有道理。"我说："所以，董事长，让我们考虑也可以，可是节省时间就是节省金钱，你说是不是呢？"我一边讲话一边点头，于是他也说是啊是啊，我说："董事长，如果再让我们考虑很多时间，可能等我回台湾你再请我来培训，还要花很多机票钱，还不如今天做决定，你说是不是？"于是他也在那边点头说是啊是啊是啊。知道为什么他会点头吗？因为我像他所以他像我他被我带动，我要先进入他的频道他才能进入我的频道。

沟通不在一个频道内是无法让对方收到信号的。手机收不到信号，是因为不在覆盖区内，收音机收不到广播信息，是因为不在信号区内，你跟别人讲话要先进入对方的频道，对方才能收到你的频道，收到你的信号，于是你再把他带到你的频道去。我在点头的时候，就是我要带动他的时候了，"董事长，让我们看看合同吧。"他就点点头。这时候合同拿出来了他还抓抓痒，于是我也边看合同边抓痒。我拿出我签字的那支笔放在他手上，他握着那支笔我也握着另外一支笔，他看看我，我看看他，他也就说，我先签字，签完我该签的字之后他又看看我，我也看看他，他就也签字了。可是他签字了你要继续像他，你别一下子太棒了YES，总经理谢谢你，他突然会醒过来。你必须一直保持沉稳，跟他一样的频率，直到走了为止。你拜访下一个客户，他是比较开心快乐快速语调高音的，你也去变成开心快速语调高音，动作像另外一个人，连动作声音语调都要像对方，这是建立信赖感的一个很快速有效的方法。这是一门行为科学，这一门科学在全世界已经被印证有效了，叫做神经语言学。这是一门最先进的心理学。去模仿，绝对有效果。

但是有时候你要特别注意不要模仿别人的缺陷。有一次在北方我没有经验的时候来讲这一堂课，有一个小伙子他很兴奋，他说老师模仿顾客没问题，我肯定拿下我的那个顾客。我说好，加油。他一个礼拜后跑来跟我讲，杜老师我去模仿了。我说结果呢？他说没效。我说怎么没效？他说他去拜访客户的时候，走进客户家门发现客户小儿麻痹，他竟然走进客户家里面，本来很正常的，发现别人小儿麻痹，他也这样。这个客户一看，脸一阵绿一阵青一阵红一阵白，说你什么意思。他说没什么意思我来拜访你。这客户一看说你给我滚出去。为什么客户把他轰走了？因为你模仿对方的缺陷，注意模仿缺陷会让别人很丢脸，所以你不要嘲笑别人，就不要模仿他的缺陷，要不然他以为你在嘲笑他。还有一个美容师更好笑，他说他本来很正常地讲话，然后为了要模仿顾客，他就问，客户你买不买啊。客户说太太太太贵了。这个美容师就说为为为为什么你你你觉得得得贵贵贵呢。这个美容师讲完话以后，那客户气得半死，以为他在嘲笑他讲话口吃。所以缺点不要模仿，正常的动作才可以模仿。

有一次，我去见一个8年没见面的朋友。为了给我的朋友留下深刻的第一印象，我决心要用我刚学会的这个模仿技巧去模仿她。我敲门进去后，我朋友就说，杜云生你来啦，我说是陈小姐我来了。她说请进，我说你也请进。来换拖鞋，我说来你也换拖鞋。别客气嘛，坐。你也别客气嘛，坐。她一坐我就坐，她帮我倒水我也帮她倒水，她一喝我也喝，她上厕所我也去上厕所，她回来我也回来。两个人模仿了半天之后我就说陈小姐，你觉得今天我有没有什么地方不一样。她说有啊。我说你觉得我哪里不一样。她说我觉得你像神经病。我说陈小姐你怎么骂人。她说你今天浑身上下是不是哪根筋不对。我说你怎么可以这样说我，她说因为我觉得你全身上下都好像在模仿我一样。我才发现我模仿她但被她察觉了这是不对的。所以我现在经验丰富，教你成功的方法的同时也告诉你失败的教训：模仿别人可以建立信赖感，但不要同步模仿。人家跷脚你别马上跷，人家咳嗽你别马上咳，那样别人会说你疯了。你要慢30秒再跷慢30秒再放下，慢30秒再叉腰，别人感觉不到察觉不到，但他眼睛看到以后他的潜意识察觉到了，他潜意识喜欢你就够了，用不着他意识到。

第五，对产品的专业知识的了解。你不要人家一问三不知，还说要问经理。你不了解产品的时候就不像专家，别人就不愿意跟你买东西，每个人都想找专家，你不要成为顾客心目中的推销员，你要成为他心目中的专家。

第六，穿着。想想看，假如有一天，你走进电梯看到一个人，从1楼到10楼短短的十几秒当中，你对这个人其实已经有一定的印象了。比方讲他是个商业界成功人士，还是个失败讨人厌的人士，都从这十几秒当中你可以分辨出来。每个人都有第一印象，而第一印象永远没有第二次的机会。穿着的重要性是，别人看到你的时候，你露在身体外面的90%全是你的服装，而别人的视觉印象看到的，全是你的服装，你怎么可以不重视你的穿着？不只是你的穿着，连你用的文具，连你的配件皮包皮鞋，都应该是整齐大方得体的。我坚信你所拿的皮包皮夹，你所用的眼镜、配件、耳环，你所用的笔等这一切小东西，都在对外界传达信息，都在传达你是一个什么样的人给客户看。假如有一天你快要成交了，拿出皮包，这时候客户一看皮包破了一个洞。你把皮包打开来，想拿出签约单的时候，订货单拿出来掏了半天皱巴巴的，铺开来准备要签名的时候你说对不起，这个刚刚没找到有点皱了，掏笔的时候拿出笔，笔又漏水了。你想象一个画面，你客户一看到皮包破洞，订单皱巴巴的，笔也漏水了，他可能跟你讲，让我考虑一下，我再想想要不要买好了。他都不知道他为什么不买，你也不知道他为什么不买，因为他眼睛看到了你的东西都这么破，感觉你卖的产品可能也好不到哪里去。千万不要让这些小地方小细节，外表的一些服装或者是配件，影响了你的大生意，这是很吃亏的。每天早晨起床你只需多花15分钟时间重视一下外表，你一整天的生意可以做得顺利，你愿不愿意？每天早晨起床的时候，你不重视那15分钟，外形乱七八糟出去，你一整天生意不顺利，你干吗吃这个亏？我们都说不要以貌取人，你可能会认为我讲这些东西好像是以貌取人，是不对的，但是你想想看，每个人都知道不要以貌取人，但是每个人从小到大都还是在以貌取人，你也不例外。

我跟很多老板聊怎么决定录取谁，很多老板没有办法判断谁能力强谁能力不强，如果大多数人学历一样谈吐差不多，最后对谁第一印象好就录取谁。不是说长相怎么样，而是你外形穿着打扮，不一定要你穿时尚名牌时装，但你一定要整齐大方，看起来像是个有潜力的人，看起来像是一个重视外表重视清洁的人，大老板虽然知道你不一定是个很成功的人，但是愿意给你个机会，因为你外形穿着好。不要轻视这种小小的事情，因为它太重要了。在心里要牢记：**穿出成功来，为胜利而打扮**。

第七，彻底地准备了解顾客的背景。像原一平一样，像麦凯66一样，你也要彻底地准备了解你顾客的背景。这可以让你出其不意地让客户喜欢你，因为你投其所好，所以产生了信赖感。

第八，使用顾客见证。使用顾客见证是最重要的，是用第三者来替你发言，而不是你本人来发言。你自己讲你产品有多好，别人会说王婆卖瓜自卖自夸，还不如让顾客来替你讲话。如果你善用这个方法的话，你的生意一定会节节高升。

使用顾客见证的**第一个方法，让消费者替你现身说法**。让顾客来讲给你的潜在顾客听，在你的潜在顾客听完之后，对你的信赖感大幅度提升。

第二个方法，照片。比方你会看到有很多减肥成功者减肥后的瘦身的样子跟减肥前的样子，有照片也比你讲话好多了。

第三个方法，统计数字。根据统计有多少客户知道我们的产品，有多少客户使用了产品之后达到99%的满意度，这叫统计数字。

第四个方法，叫做顾客名单。我们的客户有哪些人，拿出这些名单的时候，也会增加你在顾客心目中的信赖感。

第五个方法，自己的从业资历。你在这个行业里面10年了还是8年了，在这个行业里面已经是专家了是元老了是资深的了，这也会增加你的信赖感。

第六个方法，获得的声誉及资格。你曾经得到过什么荣誉，你曾经被什么协会被什么政府国家或大企业或什么企业单位表扬过，你获得了这个声誉跟资格，也可以增加你的信赖感。

第七个方法，就是你在财务上的成就。比方讲有人说他们年营业额多少，他们的年利润达到多少，他个人的财富到多少了，这些也可以增加他的信赖感。因为别人会用你的财富来衡量你这个人的能力。

第八个方法，你所拜访过的城市或国家的数目和经过。比方讲三年来你到过75个不同的国家的城市，你到过多少个国家去演讲去访问，去会见行业中的权威人士，这也可以增加你的信赖感。

第九个方法，你所服务过的顾客总数。比方讲你所服务过的顾客已经超过10万人次。你的顾客总数，可以让市场上的潜在顾客相信你是有能力来帮助他的。最后你可以使用大顾客名单，如克林顿总统都喝我们的饮料，某某企业家都使用我们的产品，这个大顾客的名单如果是确实拥有的话，就可以迅速增加你在市场上的地位。以上所简单介绍的这些方法，都是使用顾客见证的方法。

第四步骤：找出顾客的问题、需求与渴望

一个客户会购买你的产品，很多人会说是因为他有需要。其实不是顾客有需要，顾客没有需求，而是顾客有问题，问题是需求的

前身。比方讲一个人他如果今天想要找工作，你问他需求是什么，他说我第一必须薪水高一点，那表示他换工作的原因，是嫌前一份工作薪水太低。人是基于问题才会产生需求，我所指的问题就是对某些不满意的条件有多么不满意，需求是指他想要得到的某些具体的条件。一个人现在如果想换工作，他说我必须找一个离家近一点的工作，这是我的第一需求。他的问题可能是他之前的工作离他家太远了，问题决定了需求。你要卖给他东西，你不要找需求，你先找问题，找出顾客现在所拥有的问题，这个问题也就是他的伤口，找到了，你要扩大他的问题，于是问题越大就激发出他越大的需求，于是你的产品正是能满足别人的需求的解答方案，所以你所销售的不是产品，你所销售的是某一个问题的解答方案，你是在帮顾客解决问题。找出顾客的问题，然后去扩大这个问题，让顾客想到这个问题的严重性之后，他就会产生需求，于是你去激发他的渴望提升他的渴望，让他知道有多么需要马上解决的问题。关于这一点有几个原则。

第一个原则：问题是需求的前身，找到顾客的问题才能刺激他的需求。一个人为什么要去买一个能省油的汽车？因为他现在的汽车太耗油了。一个人为什么要买一台比较豪华的汽车？因为他现在的汽车看起来档次不够高。所以他现在有什么问题，决定了他以后就会有什么需求，这叫做问题是需求的前身。

第二个原则：顾客是基于问题而不是基于需求才做决定。有些人以为顾客有需求，其实是因为他有问题，问题越大需求就越高。顾客心里面那个问题是小问题，他就不会有什么需求。你有牙病但是你为什么不看牙医？因为问题还不够大，你要等到牙已经痛得不得了了，甚至脸都肿起来了，你才想看牙医。比方讲我正在讲课，需要有电脑不断地查阅资料，给大家翻最好的内容出来，这时候如果电脑坏了，这个问题就太大了，因为我不能停止讲课。这时有人如果说老师我帮你维修电脑，这个维修费不贵，500块钱。500块还不贵啊。600块钱。为什么我愿意付他500又说600？因为我知道我要再讲价的话，浪费的是我自己讲课的时间，我停止了录像了怎么办，所以问题很大需求就很高。问题越大需求越高，顾客愿意支付的价格就越高。如果是平时我不讲课的时候，并没有在录像，这时候电脑突然坏了，我可能派一个人来修，最多给他100块或200块可能就解决问题了，因为那时候问题不是很大所以需求不是很高。

第三个原则：人不解决小问题，人只解决大问题。

我刚刚讲过你有牙病你不去看，为什么，因为小问题，等到痛得不得了肿起来才去看。人只解决大问题，不见棺材不掉泪，不到黄河心不死。一个人他不是马上要改变，一个人不是马上想买你产品的，必须等到迫不得已才会买你产品，必须等到迫不得已才要找解决方案，所以人不解决小问题，人只解决大问题。你的工作就是在他伤口上面撒点盐巴让他痛得不得了，他才想要买你的产品，但是并不是真正地让他产生问题，而是让他联想，你要通过销售技巧跟他沟通交流，让他联想到再不解决你的问题会有多大的麻烦。如果有人打电话到保险公司说，我要买保险。请问有保险业务员在吗，请问这时候你接到电话你高不高兴，别高兴得太早。因为他会想主动打电话买保险，表示他已经可能来不及了，医生对他说了些很严重的话了，你问他医生是不是对他说什么了，80%~90%没错，等他要买保险的时候已经来不及了，保险公司卖不卖？不卖了。为什么？保险公司只卖给健康的人。所以等他遇到不健康的问题了，你再卖他保险已经来不及了。保险销售人员的使命就是在他还没有遇到疾病上的巨大的问题的时候，你先让他意识到天有不测风云、人有旦夕祸福，人都会生老病死，所以你的使命就是让他预先看到将来的问题。你爱你家人吗，你将来有一天失去工作能力了你家人可能就立刻失去生活的依靠了，你如果真的爱他们的话应该先为他们买份保险。在将来任何问题发生的时候，你们全家都不会陷于危难之处。所以宁可一辈子不用保险，也不能一时没有保险，在全世界保险这个东西是人们唯一了解以后不希望用到的东西，但是人不可以没有它。当你愿意把这个话讲出来的时候顾客可能不爱听，但是这是你的使命，让他意识到大问题的存在，这就是我所告诉你的人不解决小问题，人只解决大问题。所以你需要对他的所有的小问题扩大，这就是我所比喻的伤口撒盐。顾客买的是问题的解决方案。成交的第四步骤是十大步骤当中最重要的一个环节之一，找出顾客的问题、需求与渴望，这需要发问技巧，需要紧密的思维逻辑，需要我们专门去做一个详细的了解和学习，在这里不一一讲解。

第五步骤：塑造产品的价值

顾客会感觉贵，就是因为你没有把产品的价值塑造出来。当顾客内心已经有渴望想要买你东西的时候，这时候你要介绍产品，然而我不称它为产品介绍，我称它为塑造产品的价值。介绍完产品内在的价值非常大，于是价值大于价格的时候，顾客就会迫不及待想买，并且掏这个钱。

以《绝对成交》为例，它包含了16年来我每一天在市场上做销售的总结，我阅读过上千本有关销售的书籍，我接受过几十次不同的世界销售冠军的销售训练，花了上百万元的学费，这些超过十几年的时间浓缩起来，全部都在这套《绝对成交》教材里，如果你购买并阅读了这本书，你的一生都可能因此而改变。

一本书如果你用人民币买的话要20元，买1000本也要2万块。你去美国上乔·吉拉德的课，再去上汤姆·霍普金斯的课，再上金克拉的课，你在全世界上完所有该上的销售训练以后，不要说学费，光机票钱你就要花十几二十万，现在只需几百元的投资你就可以读到我的《绝对成交》教材，难道不值得吗？太值得了。抛开它可以让你的销售倍增不谈，它至少可以让你不再犯错误了。如果在顾客面前讲错一句话就会损失顾客，本来会买的顾客不买，假如你一天损失一名顾客你会损失1000元，那么30天损失30名顾客，一个月损失3万，一年损失了6万，十年360万。如果你不懂得正确的销售技巧，你将继续损失，十年360万。假如你的公司有10个不懂得正确销售技巧的员工在做销售，360万乘以10，十年就是3600万的损失。一群没被训练过的营销人员，天天拿你的薪水在帮你得罪顾客损失顾客，这就是你要付出的代价。假如你愿意在他们身上投资的话，今天一个顾客成交可以赚到1000元的话，多成交一个顾客多赚1000元，30个多赚3万元，一年12个月多赚36万，十年多赚360万。

亲爱的读者，有没有可能因为你多学会一个成交技巧而每天多开发一名客户？有没有可能因为你信心增强了，每天多成交一名顾客？有没有可能你使用正确的步骤，你每天多成交一个顾客呢？如果有可能的话，那么现在你购买和阅读这套《绝对成交》教材，对你来说不知物超所值多少倍。因为多成交一个顾客一年是36万，十年是360万，如果你有10个营销人员的话那是3600万。相信我16年时间绝对不止3000元、4000元、5000元。能省你十多年时间当然值得，省下十几年时间，使用这些正确的方法去做销售，赚回的何止几百元。那你为什么要自己花几十年时间去慢慢摸索，每天被顾客拒绝，人才被挖角，这些也是你付出的学费。学费迟早都要付，早付早学到，晚付晚学到，早付付得少，晚付付得多。生活会让你付出代价的，顾客拒绝你会让你付出代价的，人才被挖角会让你付出代价的，市场被抢走会让你付出代价的，这些庞大的代价加起来绝对比一套《绝对成交》的教材费更贵。不要从自己的错误中学习，直接学习成功人士十多年犯过的错误，所使用过的正确方法，这样是不是更省时间更省钱呢？如果是的话，如果你觉得有道理的话，我已经成功地塑造了我的产品的价值了。

第六步骤：分析竞争对手

你的客户在听完你的产品介绍之后感觉想买，但他会说我要比较比较，我要看看别人卖多少钱，所以你要分析一下竞争对手同样的产品、同样的服务。但是他的价位是比你贵或者是说他为什么比你便宜，是因为他的产品没有比你的品质好，服务没有你的品质佳，公司的附加价值没有你好？如果你懂得主动把竞争对手的种种条件拿出来摆在桌面上，对你的客户做分析比较，并且你的优势胜过对手的话，你就不会让顾客说我要去比较比较了。

下面是几个分析竞争对手一定要做到的步骤。如何与竞争对手比较，有以下六个步骤：

第一，了解竞争对手。什么叫了解竞争对手？你要做到三件事情：1. *取得他们所有的资料、文宣、广告手册*；2. *取得他们的价目表*；3. *了解他们什么地方比你弱*。十多年前我还没有从事教育培训行业，当时我就是对教育培训行业特别有兴趣，收集了台湾及新加坡、马来西亚、日本、美国等全世界所有我的同行的教育培训的课程表资料价位宣传，当时我收集了一本又一本，只要他们来推销给我，都被我收集下来。这些资料我天天看，看着看着，我就在这么众多的培训当中找出了一个观念：大部分人在教企业管理，大部人在教激励课程，但很少有人在教创富教育，所以我专门教别人如何创造财富，专门教别人如何达到财务自由。今天我能在众多的竞争对手当中，选择出独特的定位，就是因为我了解竞争对手，长期收集他们的资料而分析出来的。所以你要了解你所有的竞争对手，要取得他们的所有资料，文宣、广告手册、价目表等，并且他们什么地方比你弱，这是你必须做到的第一步骤。

第二，绝对不要批评你的竞争对手。也许你的顾客是对手的朋友，也许你的顾客是你竞争对手的亲戚，所以你在顾客面前批评对手会造成一些风险，别人搞不好更不跟你买，或者是别人觉得你这个人没水平心胸太狭窄。也许他本来跟你的竞争对手做生意做了很多年了，他很欣赏你的竞争对手，只是想来考察考察你的，你因为批评了你的竞争对手，而失去了生意。

第三，表现出你与你竞争对手的差异之处，并且你的优点强过他们。有一个卖奔驰汽车的营销人员，看到有一个客户进来。客户先生，你目前开什么车。他说我开宝马。宝马是市场上非常棒的一款汽车，宝马的优点是豪华，高档，德国汽车，高品质，宝马代表的种种优点，都是我们所欣赏钦佩的，这些优点奔驰统统都有。同时奔驰还有什么优点是宝马目前比较不具备的，这位先生如果你今天不买奔驰我真的建议你买宝马，因为它的确是除了奔驰之外市场上第二好的汽车。不但没有批评打击对手，同时还会去称赞对手，但是称赞完对手之后也展现出奔驰汽车的哪些优点强过了宝马。所以第三点是要表现出你与对手的差异之处，并且你突出的优点强过他们。

第四，强调你的优点。这一点在第三点的例子中已经示范过了。

第五，提醒顾客竞争对手产品的缺点。是提醒而不是去强调，强调就会变成批评了，所以是提醒顾客对手产品的缺点。

第六，拿出一封竞争对手的顾客后来转为向你买产品的顾客见证。我在培训婚纱摄影的门市小姐之前，不懂婚纱摄影行业，所以我要亲自去考察很多婚纱摄影。我走进去发现门市小姐非常厉害，把我抓着就跟我谈，叫我拍照，从几千块一组到几百块，到几十块都可以帮我照。她就是不允许我空手走出去，非要我花钱不可，我感觉她们的销售技巧已经很不错了。有一天我就考察到一家来自台湾的某某摄影公司，后来我说我不照，因为另外一家比较有名气，这时候她立刻跟我分析竞争对手，她说另外某某家，你等一下我想起来了，有一份资料给你看，于是她拿了一组婚纱摄影照，我一看这个新娘的服装怎么看起来不好看，新郎的裤子怎么都照起来那么难看，这个相片怎么照成这个样子，我觉得很糟糕。她说忘了跟你讲，这就是我们的某一位客户，这对新婚夫妇先跑去那一家照相，照完相之后拿到这些相片时非常生气，于是他们就跑来我们这边重新照了一组，你看看这是他们重新照的。我看了一下，简直是一个天一个地，一个是美丽的新娘新郎，一个是非常差劲的新郎新娘。她说后来客户照完之后很满意，他原来在那家公司照的这个相片就不要了，就留在这儿了。我刚刚突然想起来了，拿给你看一看。多么高明的分析对手方法，多么高明的竞争方法！她拿出顾客的证据来说竞争对手不够优秀，而不是拿自己的嘴巴来说顾客不如她优秀。

第七步骤：解除顾客抗拒点

什么叫解除顾客抗拒点？你的顾客一定有某些不买的原因，比方讲是对产品的原因，如品质不好，你们公司服务不好，你们公司太小了，或者他自己的原因，太贵了我没钱我要考虑考虑，我没有时间我要问我家人，种种的问题。那么怎么办？你应该预先就知道，顾客会有哪些抗拒点，把它全部列出来，大部分顾客抗拒点其实加起来不超过六个。你别每次被顾客抗拒点头一个给打退堂鼓了，你应该事先就去分析顾客一共有哪些抗拒点，并且解决抗拒点的答案准备好了，下次才能够见招拆招，兵来将挡水来土淹，别老是被同一个抗拒点给刺倒。所以你要预先解决顾客抗拒点，最好的方法是把抗拒点答案准备好了，在销售过程中事先能够提出来。你明明知道这个顾客会说我要问我家人，你就事先问他，这位先生你难道不需要问你家人吗？这位先生难道你自己可以做决定吗？然后客户说，可以，不要问我家人。你就要说那我非常欣赏你，非常多人都要问过家人才能做决定，你非常不一样你很有主见。于是他自尊心抬头。有个女孩子进门了，你可以问她说，这位小姐你怎么一个人来难道你不需要问你爱人？不需要问你先生问你男朋友吗，很多女孩子都要问先生问男朋友，你怎么自己来。她说我不需要问。你就说在现在很难见到你这么独立自主有决定权的女孩子了，我非常欣赏你，我跟你交个朋友可以吧。这个时候她自尊抬头了，等一下在成交的时候她就不好意思再说她要问她家人要问她爱人问她男朋友了，这叫做预先解决顾客抗拒点。你要事先有解答方案拿出来，你才能够先发制人。

关于解除顾客抗拒点的所有方法，我没有办法在这本书全部跟你分析完，将有专门的整本书来就此问题做一个详细的讲解，让你拥有一套完整的解除顾客抗拒点的步骤。

第八步骤：成交

所谓的成交，就是你要成交收到钱，就是顾客要签单，产品给他，然后拿到钱。这也是有方法有步骤有一套模式跟系统的，有关详细的步骤和模式我将在其他章节中做专门的讲解，在此不做详细解说。现在我们来看第九步骤。

第九步骤：售后服务

在你完成一笔交易后，并不等于你和顾客之间的关系就此结束，还要售后服务，否则就有可能退货。下面介绍售后服务的五大步骤：

第一，了解顾客的抱怨。每一个顾客都会有抱怨。没有一个顾客是完全满意、百分之百高兴的，他或多或少都会有问题，你听他的抱怨不要担心不要害怕，你越听他的，你越能够成长进步，知道你该怎么改进。他愿意跟你讲抱怨，等于让你有机会能重新为他服务，让他重新满意没什么不好。他有抱怨你去解决，加强他的印象，让他觉得你服务不错。很多销售员不喜欢听顾客抱怨，他不耐烦顾客的抱怨。

记得有一次，我在一家叫巴蜀酒楼的餐厅吃饭，吃成都小吃，感觉味道相当不错，就打电话叫朋友一起来吃。后来的几天里我不断介绍朋友来这家餐厅吃饭，大概连续去了一个礼拜。真的，一个满意的顾客会把他的满意告诉他的朋友，所以让顾客满意是非常重要的。可是在第七天我去的时候，发生了一件让我很不愉快的事。那天，我点了一碗牛肉面和一些小菜，正当我吃得津津有味的时候，发现面里有蟑螂。我当场就把服务员给找来，让她看看碗里的蟑螂。服务员大概反应比较迟钝，竟然看了很久都没发现牛肉面有什么不对劲。最后我们只好找经理，经理倒很聪明，一看到有蟑螂的面拿起来就走掉了。走掉之后我心里很纳闷，他怎么不跟我道歉，我第一个希望他道歉，第二个希望他能够赔偿，不能赔偿也要免单，不能免单也要跟我说些好听的话，可是什么都没说就走掉了。我想他大概等一下会过来吧，果然过来了，他过来跟我讲杜先生不好意思让你吃到蟑螂了，要不要再来一碗，我叫厨师帮你重做。我说不用了。他说夏天厨房难免有点脏，你不要介意。说完就走了，奇怪他也没跟我说要赔偿也没跟我说要免单，就这样子走掉了。我想他可能会给我惊喜，他可能去柜台把我的账单给免掉了，结果我一买单服务员拿着账单过来果然给我一个惊喜，十二块五毛钱一分钱没少。第一次抱怨他不解决，因此我不再抱怨了。所以第二次我心里想大不了不讲了下次我也不来了，十二块五给你。给完之后下楼还遇到他们经理。他们经理上楼的时候还跟我微笑说这位先生下次再来。我说好下次再来。我不再抱怨为什么，因为我认为抱怨无效。你的顾客不想抱怨了，并不代表他没问题，只是他觉得抱怨也没办法解决他的问题，于是他走到你竞争对手的生意那边去了，他跟你抱怨无效他去那边跟别人讲抱怨，你希望他跟你讲还是跟别人讲？当然是跟你讲，跟你讲还有机会解决，他跟别人讲你就损失更多。所以你要喜欢顾客抱怨欢迎顾客抱怨接受顾客抱怨，并且乐于多听顾客的抱怨。如果你不听的话那就没有人要跟你讲了，就是那些不跟你讲抱怨的顾客害了你，害你生意一落千丈，害你没有人要跟你买东西了。我走出去以后，我回头看着这个巴蜀酒楼，我就对它说了四个字：永不再来。你看看不抱怨的顾客，你以为是好顾客吗，他害了你让你生意做不下去了。一个满意的顾客会把他的满意告诉一些人，一个不满意的顾客会把他的不满意告诉更多的人，好事不出门坏事传千里，一个人每一天每一分每一秒都会见到很多人聊天，经常讲最近发生了什么事情，当他遇到好的服务他未必会讲因为他认为那是应该的，当他遇到不好的服务，他马上讲大声讲而且用力讲。你要是给他抱怨但是不给他解决，他就在外面为你用力讲，大声宣传负面口碑。每一个顾客在接受完你的产品销售之后离开你的时候，头脑上有盖三个印章，第一个是什么都没盖，第二个是盖加号，第二个是盖减号。

你要想在顾客帮你每一次宣传的时候宣传加号好口碑，你必须在他脑门上盖上加号，盖上正面的印章，留下良好的印象走出去。所以先要了解顾客抱怨。

第二，解除顾客的抱怨。了解完他的抱怨立刻解除，当场解除，而不是以后再解除。

有一次我到一个韩式料理店去吃饭。我在三楼开会，只有半小时的吃饭时间，所以就让他们马上上菜，她说：“好，先生，马上帮你上菜。”我点一盘炒青菜点三碗汤，一人一碗的汤点三碗，点三份拌饭，结果点完三份拌饭上来了，三个汤也上来了，青菜没上来。等了差不多有20分钟，饭都快吃完汤都也喝完了，青菜还是没上来。我就问：“服务员，我们的青菜怎么还没上来？”她说：“先生，已经派人去买了。”

原来他们这里没有我要的青菜，可是为了不让我失望，就派人到附近的市场买我要的青菜。因为赶时间，我告诉那位服务员，我就不要青菜了，你们的好意我心领了，结果在结款的时候，他们坚持给我免单，我并没有打算要让她免单，我认为青菜没上就不要付青菜的钱，但是三碗饭跟汤上了还是要付三碗饭跟汤的钱。当时老板走出来了说先生先生不好意思不要了。我说不行不行一定要付。他说一定不要一定不要。我说你为什么不要。他说因为你来我们这边吃饭，青菜没有上没有让你满意，这一餐当然不应该收你钱我请客。我说好既然你这样说我就勉强收下了。我走出这个餐厅大门口的时候对这个餐厅的印象非常好，我脑门上盖的是加号。我到了会议室第一个讲的故事，当然就是楼下那个餐厅的故事了。讲完之后我晚上又要吃饭了，还是楼下那个餐厅，我带了一桌的人去吃了好几百块钱。为什么？因为我感觉他们对我服务这么好我要回馈他们。所以要当场解除顾客的抱怨，立刻解除顾客的抱怨，而不是以后再解决。当场解决95%不满意的人会再度上门的。

第三，了解顾客的需求。我的学生中也有一些是开餐厅的老板，我跟他们讲一个小小的方法，每天他们就下楼一个小时，在餐厅现场问顾客：我们的菜怎么样？你觉得味道如何？还有哪些不满意的地方？你还需要我为你做些什么？天天就这样问一个小时，一个月后他收集所有答案，于是他推出了一个新政策。他的餐厅门口很多人不愿意来，因为不好停车，所以经常跟他讲这个需求之后，他就设了一个帮别人停车的柜台，所有人开车来把钥匙给这个停车小弟，停车小弟把车负责停好，停好之后停车费也不用他出，等他买单的时候去把车开来之后让他在店门口就可以上车了。小小的一个服务让来餐厅的客人变多了，因为他关心你的需求是什么，因为他去问了需要我们做什么服务，你需要我们为你改善什么事情吗。去了解顾客的需求，就像在挖黄金一样，每一个挖出的需求都是你能做生意的生意点，都是你的赢利增长点。所以你要去了解顾客的需求，不止是他对你产品的售后服务，他生活中家庭中健康中事业中任何的需要你都可以去服务他。比方讲你是做美容品的，但是今天你的客户她在做生意，你甚至把这一套教材送给她看，她感觉你为她的生意着想了，她都会来捧你的场光顾你的生意的，这叫做了解顾客的需求。

第四，满足顾客的需求。了解完需求就要满足需求。台湾有很多五星级饭店，其中有一家叫做雅都饭店，雅都饭店是设备最陈旧最古老但是生意最好的五星级饭店之一，你去它的咖啡厅喝咖啡，你会发现一个很有意思的景象。比方说你口特别渴，一大口喝了冰

水放下来，只要服务员看见冰水里面的水低于50%，不到20秒立刻有人会来为你倒水倒满，假如你是男生你手伸进西服口袋里，可能他觉得你要吸烟，立刻有人到你旁边送来打火机说先生请吸烟，他设想得比你周到比你快速，打火机已经先到位了。假如夏天天气很热所以女生穿很少，但里面冷气又很冷，所以女士会有发抖的动作，立刻会有服务生拿披肩过来为你披上，或说这位小姐要不要披肩。你想想看这些小小的动作很花钱吗？不花钱。好的服务不花钱花心，你要用心思去想顾客要什么，设想在顾客的需求前面，跟顾客的欲望赛跑。

了解顾客的抱怨，解决顾客的抱怨，了解顾客的需求，满足顾客的需求，如果你能够做到这四个步骤，你的售后服务便做得很好，但顾客依然不很满意，为什么？因为顾客觉得你满足我的需求是应该的，你让我满意是应该的，我不会对你特别有印象的。

第五，超越顾客的期望。让他意想不到，让他惊喜，他想十分你做十二分，他想五分你做八分，他想八分你做十分。

想想看，市场上有多少营销人员能做到这一点。一流的营销人员的顾客买的已经不是产品了，买的是你的服务精神，买你的做人态度，售后售前都得服务，用服务代替推销，超越顾客的期望。我发现一般人都想赚钱，但不想做好销售、学好销售。如果你是属于这种人，我建议你你可以改为用服务代替推销，就像我刚刚那个中餐厅，服务好了别人自然就会去那里消费，生意自然就好了。

第十步骤：要求顾客转介绍

顾客买了之后永远要从他身上延伸出下一个顾客来，一个顾客买了再延伸出一个顾客，你的生意就会源源不断，永无止境地开发新顾客。要求顾客转介绍只有两个时机。第一个时机：他买的时候，买了以后他满意，服务好了立刻让他帮你介绍客户。第二个时机：他不买的时候，也要他转介绍，因为你不买那请你帮我介绍一个人行吗。

以上分析的是绝对成交的十个步骤的框架，有的部分普遍而关键，所以做了详解，有的部分只是简单步骤，没有做具体的举例。

第四章　问对问题赚大钱

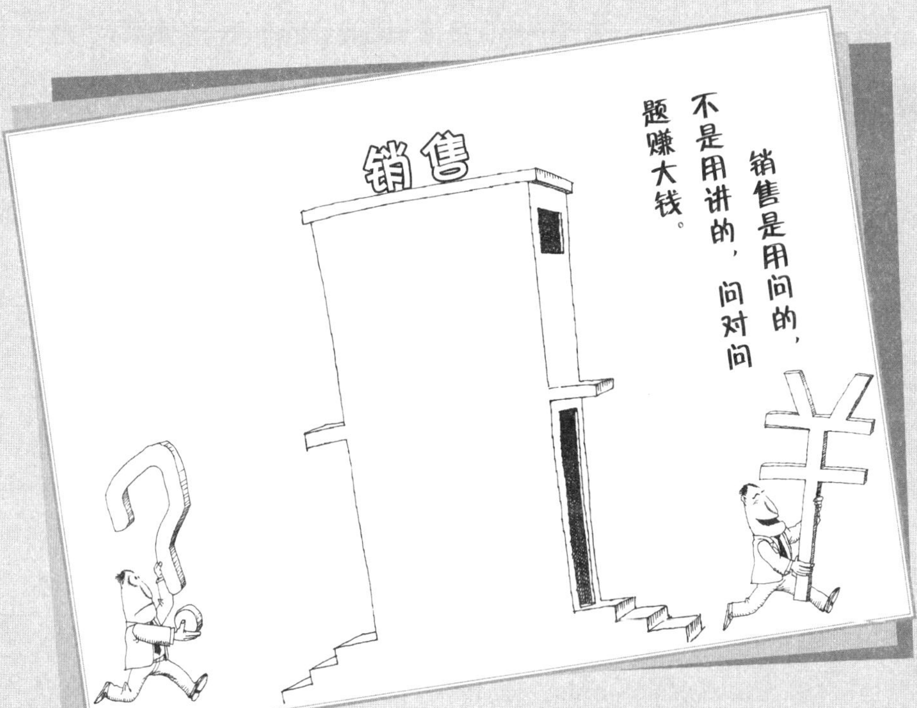

前面我们分享了绝对成交之前的十大步骤：

第一个步骤准备，第二个步骤调整情绪到达巅峰状态，第三个步骤建立你跟客户的信赖感，第四个步骤找出顾客的问题、需求与渴望，第五个步骤塑造产品的价值，第六个步骤分析竞争对手，第七个步骤找出顾客的抗拒点并且解决它，第八个步骤成交，第九个步骤售后服务，第十个步骤要求顾客转介绍。

所有的成交模式都已在这十个简单步骤当中了。现在将相对一般人来说学习起来有些困难的步骤，如第四个步骤找出顾客的问题、需求与渴望，第五个步骤塑造产品的价值，专门给读者做一个特别的讲解。

销售流程——让你能将任何产品卖给任何人

在顾客准备成交的那一刹那，你知道他为什么会成交吗？因为他心中有一个很大的问题要解决，我们一再强调每一个人都在卖的就是顾客问题的解答方案。没有人想要买眼镜，是因为要解决他视力模糊看不清楚的问题，没有人想要买一套衣服，因为他觉得他有一件裤子无法搭配好，为了解决这个问题必须买另外一件衣服。没有人想要买汽车而是解决他一个出门身份地位不够，没有代表性的一个东西来证明他的身份地位的问题。每一个人心中都有一个问题，所以你要卖掉产品，你必须知道销售就是找问题，并且把他的问题给扩大。

我在现场培训的时候，每一个上台的学员都是临时回答我提出的问题，我只要问对方一些问题，问着问着，就能让对方联想到他有哪些小问题，进而再让他意识到不解决这个小问题就会变成哪些大问题，于是我后面有解答方案等着他，他自动想要买我推销给他的产品。所以会销售流程的人、会销售步骤的人，不论你卖什么产品，你都能用这套销售步骤卖出去，你真的可以销售任何产品给任何人在任何时候，只要你学的是这套流程。我强调的是两个字：流程。

一般的销售训练会失败的原因，就是因为太多的企业喜欢给它们的员工进行产品训练，而不是销售流程的训练。什么叫产品训练？就是一味地灌输产品知识，把人训练得很会讲产品，在顾客面前就不折不扣地变成了一个产品讲解员。一味地讲产品是不能把东西卖掉的，销售是一个发问的流程，引导顾客思考的流程。《绝对成交》教材当中有无数的示范让你知道什么叫做流程，是一步一步引导顾客做决定的流程，一步一步让顾客说YES的流程，而不是一味地讲产品。

一般的销售培训会失败，第二个原因就是因为太强调激励了。我也强调激励，但是我不会完全是用激励去训练，因为我知道没有动力是不可能去做事的，但是有了动力之后还需要方法。销售不是靠激励就可以解决问题，但很多销售培训都是激励员工，于是让员工不害怕冲出去，冲出去之后会撞得满头是包，于是挫折感更深，更不愿意销售更不敢去销售。为什么挫折感会变深？因为经常遇到挫折。这是一种公司不在乎的手段，什么叫不在乎的手段，也就是他刻意要去大量拜访，即使你会遇到很多拒绝而心情受挫折达到低潮状态并且想放弃这个销售事业，他也不在乎，因为他知道你只要大量拜访就一定会有顾客说YES，而他就是一批员工走掉，他再招聘员工进来他就可以源源不断地产生新的生意。新来的员工再次被挫折拒绝赶走了，但是留下来的生意已经够他们公司赚钱了，他再去强调再招一批新人，永远强调是冲刺，冲啊我是超人，冲出去不怕被拒绝大量拜访，当然会有成交。如果我们能减低被拒绝的次数，如果我们能加大成交的比例是不是更好？如果我们没有一套方法，我们只是一味地去用碰运气的方法，遇到有兴趣想买的顾客会买，遇到没兴趣想买的顾客被拒绝得很惨，被拒绝得很惨之后心情就会不好。我相信每一位销售主管，每一位企业家都不希望自己公司的员工这样，所以我们现在来学习这一套流程、步骤和方法，不是十大步骤这个粗的框架，而是一句话一句话怎么问的这个细节。

找出问题、扩大问题的两种演练模式

前面我们讲到问题是需求的前身，有问题才会生产需求，他要买房子你问他最需要什么，他说他必须要小区环境很安静的，那表示他现在住的小区一定是环境不安静很嘈杂，所以他会产生需求。嘈杂就是我说的问题，所以需要安静就是我所说的需求，顾客是基于问题而不是基于需求才做出决定。所以你要找问题，问题越大需求越高，顾客愿意支付的价格也就越高，所以你要找到问题把问题给扩大，把伤口扩大。并不是真正让他发生问题才去找解答方案，而是还没发生问题之前在心里面先让他联想到问题会很大，于是他就愿意马上来采取行动解决问题。人不解决小问题，人只解决大问题，所以你要扩大问题，顾客买的是问题的解决方案。

现在我们来学习第一个模式，对于没有买过此类产品的人，我们要：

*第一步骤，让他说出不可抗拒的事实，第二步骤，把这个事实演变成问题。*举个例子，假如你是卖复印机的：顾客先生，我们都知道每一个客户他看到贵公司打印出来的文件的品质会去评价贵公司产品和做事的品质，所以每一张文件都代表着您公司最高的形象对不对？先说出一些众所皆知的事实，然后第二句话要把事实演变成问题：根据我的经验，很多公司印出的文件品质不够好造成顾

客不好的印象，实际上那并不是他们公司真正的品质，你说是不是呢？顾客先生你说有没有这个问题？也就是说你先讲一个事实，把这个事实演变成问题，然后让这个问题让他开始联想。

第三步骤，提出这个问题与他有关的思考。这位先生您如何确保贵公司每一张在顾客面前呈现出来的文件都反映着您公司最佳的品质呢？您如何确保您公司所交给顾客的每一张文件都代表着您公司最高的做事品质呢？您如何确保您公司反映在顾客面前的文件代表您最好的产品品质呢？你问一个问题让他去联想去思考。对，我们公司是不是复印机也不好？你的目的是要卖给他复印机，所以你要先在他大脑当中种下一个问题，就是他们企业的复印机印出来的文件品质不够好，不能够反映他们企业最高的做事品质。

再举例讲，比方讲我是销售培训课程，我现在教给那些需要做企业内训的培训公司的方法，让他们去推销他们的培训课。我希望他们公司采用我们公司所推广的销售训练，或者是激励士气的训练：顾客先生，我们都知道一家公司的销售队伍很少能达成他们老板为他们设定的销售目标，于是对方就说是啊。这是第一步骤不可抗拒的事实。

第二步骤，把事实演变成问题：这位先生，当销售人员经常达不到目标，他们就会怪公司，他们就会把很多的问题推到别人的身上，造成士气低落，这个负面思想在团队当中蔓延，导致恶性循环，业绩更是上不来，您说是不是？他说是啊。我先点出一个事实，不是很大的问题，接着他同意之后不可抗拒，于是我就把这个事实演变成一个问题，他当然也会同意了。

第三步骤，我要让他思考：这位先生，您如何确保贵公司的营销人员永远保持最佳的士气，永远维持最佳状态呢？所以他想了，对啊，我们公司是不是员工也会抱怨，也会生产负面思想，也会造成士气低落。他开始联想了，你就有了一个机会去跟他推荐：假如我有好的培训课程能让贵公司人员士气高昂或者是达成销售目标，你有没有兴趣想知道一些？因此你有机会讲出这第四句话是因为前三句话，你把一个事实演变成问题，并且把这个问题种在他大脑里面让他思考。这个问题演练模式需要不断反复地练习。

接下来第二个问题演练模式，对于没有买过此类产品的人，还有四个小步骤：

第一步骤，提出问题。你要先问顾客一个问题，比方讲你是卖保健品的，你要说请问一下你现在身体上最大的不满意是哪方面的症状呢？或者你的生活上你对于睡眠感觉如何？或者是你对于你父母亲的身体感觉如何呢？你希望顾客承认有一个问题，你就要提出一个他容易承认的问题。

第二步骤，煽动问题。煽风点火把那个问题给扩大。假如他说我睡眠不好，你就要说睡眠不好已经多久了。他说三年了。三年来你感觉怎么样？感觉很不舒服。假如未来三年睡眠还是不好会怎么样？那就烦死了。生活会怎么样？生活会很无精打采。工作会怎么样？工作会影响效率。影响效率会怎么样？他说会赚不到钱。会不会失业会不会被老板开除？那接下来会怎么样？那全家人没饭吃。如果继续这样下去五年不改变会怎么样？他一听那就太糟糕了。把一个失眠变成了一个他全家最大的问题，是因为你把一个问题联想成三年五年，把一个问题联想到他的事业，影响到他的工作，影响到他全家。你要把小问题变成大问题，这叫做煽动问题。

第三步骤，解决办法。也就是你要问一个假如：这位先生，假如我有一个方法可以让你的睡眠质量提高，你有兴趣想多知道一些吗？这位先生，假如我们公司有一个非常好的解决方案能让您的员工销售成绩提升，达成销售目标，你想知道是什么方法吗？这位先生，假如我们公司所提供的设备能确保让您每一张印出来的文件都是最高品质的，代表你们公司最佳形象的，提升顾客对你们的评价，你有兴趣想知道是什么方法吗？第三步骤永远是问一个假如。假如我有一个什么办法能如何如何地帮助你达成什么目标或者是解决什么样的问题你有没有兴趣，如果前两题正确第三题他一定会说YES，有兴趣。一个问题跟一个问题之间是有关联的，就像堆积木一样，最低层堆了一个YES，在上面再堆一个YES，在上面再堆一个YES，在上面再堆一个YES，积木越堆越高。最上面一个YES是因为有前面每一个YES而造成的，如果前面哪一个YES没堆好，你直接拿最后一个YES会垮下来的。

第四个步骤，产品介绍。什么叫产品介绍？就是证明你有方法去解决他刚刚的那个问题。

问出需求的缺口

下面我为读者讲解所谓的需求的缺口。

什么叫需求的缺口？就是针对那些已经买过同类产品的人。很多客户他没有买过这类产品，表示是他还没有意识到问题的存在，并不知道问题的严重性，所以不想买产品，他没有需求。但是很多顾客已经买过这个产品了，表示他是认识到有问题，已经产生了需求，于是已经买了同类的产品了，但是你想要他替换。比方讲他用的是B产品，你想要卖给他A公司的产品。你想要替换该怎么办？他有需求，只是需求没有完全被满足，有一个需求的缺口。需求是一个圆，中间一定有缺口。

现在我给读者介绍找出需求的四个步骤：

第一步骤问出需求。这第一步骤里面有五句话、五个小阶段：

第一小步骤，你要问他现在所拥有的产品是什么：这位顾客先生，你现在用哪一家公司的产品？他说B产品。

第二小步骤，你要问他你最喜欢现在产品的哪几点？你为什么会选用B产品？他说喜欢B产品的一二三。

第三小步骤，你要问他喜欢的原因是什么呢？他会说因为一很重要，二很重要，三很重要，带给我什么好处。前三句话你了解到他被满足的地方有哪些他喜欢的地方，这让你的产品找到了一个方向。

第四小步骤，希望未来产品有什么优点或现在产品哪里还可以改善。你要问他，假如未来还有一个新产品能帮助他比现在更好的话，他希望他用的产品还具有什么优点？他可能会说除了一二三之外还要XYZ，或者是你问他，你希望现在的产品哪里可以改善？他说那就是因为XYZ，比方讲价格更便宜一点就更好了。

第五小步骤就是，为什么这对你这么重要呢？他就会说价格当然是很重要，我买这个B产品买了一年了，虽然这个一二三还好，但是这个XYZ不太好，所以这个价格这么贵，我花了很多钱，不过我没办法。这时候你就知道了，他的这个圆里面一二三四是被满足的，但是XYZ是缺口，太贵了是缺口，价格是个问题。以上的五个小步骤都属于第一步骤问出需求。

第二步骤问出决定权。毕竟他没有决定权，你卖给他东西也没用，所以你要问出决定权。如果你直接问他有没有决定权，因为自尊心的问题，他会说废话我当然有决定权，所以你不要问他有没有决定权，要不然谁都说有。你要问他除了您之外购买这个产品的时候还有谁需要一起做决定？除了你之外还需要别人批准吗？如果他说不需要别人批准了，表示他真的是有决定权了，如果他说除了我之外还要问我老板，那表示他没有决定权而他老板才有决定权。所以第二步骤问出决定权，如果他没有决定权，你就不用往下问了。

第三步骤问出许可。什么叫问出许可？这部分很重要，你以前可能学过，但你不一定学过这一项的技巧：请问顾客先生，假如我有一些方法能满足你原来的一二三，并且还能提供你没被满足的XYZ，你允不允许我向你介绍一下？假如我有一个很好的方法能够让你除了原有的优点都保持之外，我们的产品很便宜能够解决你所缺乏的价格太贵的问题，你有没有兴趣想多听一些？你愿不愿意听我多讲解一些？你要不要让我跟你介绍一下？先让人家回答你YES，你才能往下介绍，人家不允许你推销，你多讲是不可以的，你无法对一个关门的人去讲话，也无法对一个背对着你的人讲话，因为他心灵不开放是听不进去的，你讲什么都没有用。你需要对一个允许你对他推销的人去做推销。所以你要问这位先生假如我们公司能提供一个服务能让你的原来的优点都保持，并且还能够价格降低，你有没有兴趣多知道一些？你希望得到的是YES还是NO，YES你才可以往下讲，NO对不起，表示前面这个问题没有问好，可能你没有抓对需求的缺口，甚至是你没有达成信赖感，甚至是你根本还没有准备好了解顾客，他的性格很不一样，都是有可能的事情。销售根本不是这几句话就能成交的，销售是一个流程，它前面有相应的步骤，只要环环相扣，每一个步骤正确，最后就一定成交。

第四步骤才是产品介绍。他如果说可以，你可以跟我介绍一下，你接下来才能介绍。证明你的产品是怎么满足他的一二三，并且还能满足他的XYZ，是怎么减低他成本的。销售是一个流程问题，从头到尾你必须每一个步骤都做正确，一个步骤出问题了结果就不一样。

第一步骤准备，你没准备好有可能影响成交。

第二步骤调整情绪到达巅峰状态。

第三步骤建立信赖感。

第四步骤找出问题、需求与渴望也很重要。

第五步骤塑造产品价值。

第六步骤分析竞争对手。

第七步骤解除顾客抗拒点。

第八步骤成交。

只要前面七个步骤做对，成交是自然的。假如无法成交，表示你前面七个步骤当中有一个步骤做错了，可能要回去从头再来一次，只要流程正确结果一定正确。

问出购买的需求

接下来我们要问出购买的需求。刚刚前面的章节是找问题，刺激问题，扩大问题。现在是问题已经激发出来了，你还需要做一件事情：

某某先生买房子的时候你最重要的条件有哪些呢？于是他说第一楼层、第二小区、第三格局、第四价格。某某先生，除了这四点还有别的吗？没有了。某某先生，请问怎样才算好楼层？比方讲说不能低于5楼。某某先生，怎样才是好的小区呢？必须24小时警卫保安。这位先生，怎样才是好的格局呢？我要向南面的。这位先生，怎样才是好的价格？一平方米不能超过1.5万元的。所以你掌握了这一套需求清单了，接下来你要问他：某某先生，假如有这样的房子你会选择它吗？他当然说会了，因为前面这一套需求清单是他说出来的。所以你看看问这个问题有多重要。某某先生，假如能提供你这样的房子你会跟我合作吗？会。

如果他说不会的话，表示不是需求问题，肯定是你有问题了。某某先生，假如今天就有这个房子，你会做决定吗？会。他如果会会会，连着三个会，他已经答了三个问题了：第一有这样的需求我买，第二你有空我跟你买，第三今天有我就跟你买。他承诺你这三件事了，人家的YES、YES、YES堆到最后快要到成交的地步了。这就是问出购买的需求。

假如今天你要成交一个人才，这个人才进你公司上班对你来说很重要，你一定要成交他，你怎么问？

某某人选择一个企业上班的时候、选择工作条件的时候，你最重视的条件有哪些？

他说，工资和休假时间的待遇，第三个工作环境，第四个发挥能力，第五个同事关系，这五个叫做需求。但是你还要对需求进行详细的定义：你认为多少工资才是好工资？你认为多少放假时间才合适？

他说一个礼拜不能超过40个小时。

你问他："怎样才叫好的工作环境？"

他说，必须有独立的办公室。

你问他，第四个怎样才叫做好的发挥能力？

他说必须做他专业。

你问他第五个怎样才叫好的同事关系？

他说必须给他一个很好的工作环境，如果同事经常吵架背后放枪的话他就不干了。

于是了解完这几点之后，你说假如有这样的工作，你会选择它吗？他答案只有两个：一个会，一个不会。如果说不会，"不会"你不要怕，他没有拒绝你，他拒绝的只是这需求清单而已，表示他对自己列出来的东西打嘴巴了，他还没有列得很清楚。你就说可见还有你没有列清楚的，你可以再告诉我还有什么你没有列清楚吗？不是没列清楚，只是我觉得薪水不能低于1.5万。所以我刚刚讲1.5万他是觉得太低了，必须一个月2万，而且还有劳保和退休金，还有分房子。既然这样的话，如果有这样条件的需求，你会选择这个工作吗？他说会。会了，表示这个需求没问题了。

第二个你要问他：假如今天就有，你会做决定吗？他答应只有两个：一个会，一个不会。如果不会表示今天不会做决定，你也不用要求他做决定，你一定是前面哪个寻找问题的步骤出问题了。今天不会做决定的怎么应对，请参阅《绝对成交》教材里怎么解答让人当场下决定的那个方法。如果他说YES那太好了。

那么第三个你要问他：那假如是我推荐你给我们公司的话，你会与我们公司合作吗？他如果说会，那恭喜你；如果他说不会表示他不想接受你推荐，这个需求虽然没问题，但是不想接受你的推荐，他对你这个人有问题有意见。

很尊重顾客的需求去问他，让他按照自己的想法下决定，这就是销售。而不是拿着产品强加给他，让他听你产品介绍完硬要他买东西。

今天你要卖手机，你就问他："买手机，你最重要的条件有哪些？"就这么简单。

你要卖电视机，你就问他："买电视你最重要的条件有哪些？"然后把他的条件列出来，再去对每一个条件做详细的定义，就这么简单。你要的就是框住顾客让他说YES，于是他承诺，于是他不会自打嘴巴。

在结尾的时候，你亮出产品推销给他的时候是完全符合他需求的就会成交了。让顾客很认真地告诉你他的需求，这就是一步一步让顾客下决定的方法。

如何找心动钮——探测顾客的购买关键

接下来我们再次复习找出顾客的问题、需求与渴望。这一小节讲的是如何找心动钮即如何探测顾客的购买关键。

有一个太太她去看房子，看完房子很喜欢那个游泳池，回去告诉她先生："我们梦想中的房子、梦想中的游泳池终于看到了，今天我们就去付定金吧。"

她先生说："你等一下，千万不要这么兴奋，遇到房屋销售人员的时候，你不要讲你喜欢游泳池，知道没有？"为什么她先生这么讲？就是怕他太太露出很喜欢游泳池的感觉，她先生就无法杀价。她先生到了房屋销售人员的面前了，这个棚顶不太好便宜一点。

他太太正在窗外看着游泳池，那个房屋销售人员就跑过来说："太太，你看这个游泳池，视野刚刚好看到全部的游泳池画面，你想象一下你全家假日在那游泳的感觉多快乐啊。"

他太太说："对对对，是很快乐。"

可是她先生一看说："不对。"

销售人员过来，她先生说："这个地面不太好有点破旧，要算我便宜一点。"

销售人员跟她先生说："你看你太太多喜欢这个游泳池，来看看吧，太太。太太你看这个游泳池，想象一下你孩子大了，在游泳旁边变成游泳健将的感觉该有多好，想象你跟你爱人两个人在泳池里面鸳鸯戏水的感觉有多好，想象一下在阳光底下晒太阳的感觉。”

“对对对对”，那位太太越说越兴奋了。

她先生说：“你过来过来过来，别跟我讲游泳池了。你看这个墙壁多不好。”

“你看你太太多喜欢游泳池，对不对，太太？”

那位太太说：“对对对对。”太太的心动钮被销售人员找到了。销售人员每次只要按下那个心动钮，他太太就会兴奋，所以这个销售员就不需要被人家砍价，成交就变成很容易的事情了。

如何探测顾客的购买关键？找心动钮有三大步骤：问 、听、看。

什么叫问？问他的四个部分，第一家庭，第二事业，第三兴趣，第四梦想目标。问他的家庭多少人，住哪里，做什么事业，为什么会做这个事业。问他的兴趣，你喜欢周末去哪玩，高尔夫球你打了几年了，将来你的梦想是什么，你的目标是什么呢？问问问，多问轮盘战术。东问西问然后听。

听什么？第一，听他的第一反应。有时候你一问到他孩子。他吗？我孩子。表示他心动钮可能是孩子。第二，听他讲了老半天故事或者是解释，我跟你讲我孩子他当初读书不是读不好他很聪明的，他一直讲孩子表示他很在乎他孩子的学业、成绩。第三，听他不断重复讲的事情。谈话谈没多久又讲到孩子了，所以他可能心动钮真的是孩子。听他的语调讲到孩子时候可能特别高音或低音，我孩子，算了别提。表示他可能对他的孩子很重视，但是孩子让他失望过。所以第一是问，问四大问题：家庭、事业、兴趣、目标。听听第一反应，讲老半天的故事，不断重复讲的事，听语调。

看什么呢？第一看他的表情语言。每一个人的笑容、每一个人的眼神都会告诉你一些他特别在乎或者是不在乎的事情。第二个看他房内的东西，有人房间里有全家福相片，他特别在乎家庭，有人房间里面有跟谁合照过的相片，他特别崇拜这个人，有人房间里有他得过奖杯的相片，他特别喜欢这项运动。所以仔细观察别人房间放什么样的东西。第三看他的立即反应。什么叫看立即反应呢？就是你一讲到什么东西他可能哎呀这个时候反应特别强烈，这时候就表示他特别在乎这些事情。以上详细讲解了十大步骤当中的第四步骤，找出顾客的问题、需求与渴望。

塑造产品价值的方法

找出顾客的问题、需求与渴望之后，要去塑造产品的价值。现在塑造产品的价值实在是非常多，这里只讲最重点的东西。

第一个是USP，也就是一个产品最独特的卖点，你要抓住这个产品最独特的卖点，朝这个卖点去塑造。你的产品有没有一点是只有你能提供别人无法提供的？竞争对手提供不了的好处，如果有的话那就是你独特的卖点。产品的品质最高，所以它贵得不得了，也可以是独特的卖点。产品的服务最好，最长久的服务、完整的全世界的保修服务也可以是你独特的卖点，就塑造这一点。还是产品品种最齐全，还是产品的功能最齐全，还是产品的价格最便宜。你有没有用过关健词“最”和“唯一”？如果你有的话那就是你独特的卖点。你强调这一点，就等于在塑造产品价值了。

第二个是利益。什么叫利益？你别老讲产品的成分，去多讲产品带给顾客的好处利益。我们的电脑是多大内存，我们的电脑是什么处理器的，那些东西都是专业名词。不对，你要讲我们的电脑因为它是什么处理器所以它能为你降低多少的维修成本，提升多少的办事效率，它能为你节省多少人力成本，加快多少办事速度？因为它能为你降低成本提升利润，这才是老板爱听的，卖就要卖好处，不要卖成分。

第三个是快乐。你要让他联想到拥有产品有多大的快乐。

第四个是痛苦。什么叫痛苦？想象一下你的团队不断流失人才，那你要损失多少钱？付出多少代价？你因为不懂成交技巧已经多少年了损失了多少钱？继续这样下去5年会损失多少钱？继续下去这样10年会损失多少钱？想象一下你事业倒闭两次三次你才学会教训这是你要的吗？如果不是的话现在做决定学习，学习绝对成交成交顾客成交人才。这叫做痛苦塑造产品的价值。

当你学会了我这本《绝对成交》，你会很容易就把自己变成赚钱机器，因为赚钱太快了太直接了。

第五个是理由。你要给客户一个合理的逻辑，给他一个理由，他看了服装很想买那是一种情感，他试穿一下很漂亮那是一种情感，但你要他买你要给他一个理由。这位先生（这位太太），你的服装虽然已经有很多种不同的颜色，但是你独缺这个颜色，在有些场合就需要这个颜色，当你在一个场合颜色穿得不对的时候，也许会让你主人的身份都失去了，所以这件衣服是有备无患的，宁可衣橱多了一件这样的衣服，也不要在关键时刻少了一件衣服，这件衣服区区几千块钱，可是你的脸面、你在重要场合的面子那可是大于几千块钱，你说是不是？给他一个合理的逻辑跟理由，人需要合理的理由才会去做事情。他只是因为情绪被激发了，但他不想承认。这叫情感的逻辑，给他的情感一个合理的逻辑。

这位先生你知道吗？买我们这条领带才几百块钱，但是你同一套西服同一件衬衫换不同的领带，整个人感觉都不一样了，如果你要去买一套西服要好几千块钱甚至上万块钱，所以还不如买一条领带才几百元。而穿同一套西服衬衫减低成本，天天换领带天天有不同的感觉对不对？所以多买几条。你给他一个合理的理由，他领带再多可还是可以再买一条的，人是因为情感而做决定，但需要理由来合理化，人不希望他自己显得很冲动，所以人需要理由来合理化。你的车子虽然还是能开，但是耗油多少你知道吗？算一算，维修费多少你算一算，现在只要每年的维修费和耗油加在一起买一台新车再贴一点钱就够了你知道吗？所以为什么不开好一点的车子，你不用多花多少钱，何况因为面子提升带来的生意有多好，因为客户看你形象而带来的生意有多好使你能多赚多少钱。

他会买新车。一个人不买新车不买衣服也是一样，他舍不得买却给自己一个理由，旧车虽然费油，虽然旧车要维修，但是分次付啊，新车一次就要给下去，虽然新车好像面子好看一点，但是你知道吗？开新车危险，开旧车也是能开，我还不如把钱省下来投资在别的项目上面。你知道吗他也可以找这些理由，什么事都有理由的，塑造产品价值就是，你要给对方合理的理由。

最后一个是价值。什么叫价值？你知道这一瓶玫瑰精油要经过多少工序吗？88道工序。你知道这88道工序要费多少朵玫瑰花吗？999朵玫瑰。阿尔卑斯山的天然雪水混合在一起，如果你要亲自去采玫瑰，亲自精炼精油，经过88道工序的话要费七七四十九天的时间，还要费多少成本。所以美容师这样讲完以后就感觉这瓶小小的精油为什么要卖1000多块，原来贵就贵在这里。这就叫做价值。

你要说出它有多值钱。这个房地产才50万你也不一定买，因为它没价值。它只值10万不买。另外一套房地产500万你也买为什么？因为它卖掉能值1000万。它为什么值1000万？你要把它计算出来。这周围已经不可以再盖同样的房子了，周围有大使馆，有外企，有500强企业，有几万名白领，但是附近这样的高档公寓已经没有了，多么稀缺，前面有水后面有山，左边有公园右边有绿地你知道吗？这一栋房子已经是在这个地段当中独一无二的了。你要去塑造它的价值，计算出来给他看。顾客买的是什么，世界上最好卖的是什么，你就去卖什么就对了。世界上最好卖的东西是什么？是钱。只要他觉得今天的投入明天会带来回报，他一定会买。人人都喜欢钱，你要将你的产品能带给他多少的财富多少的收入，能帮他多赚多少钱算给他听。这就是价值法塑造产品的价值。

以上为读者介绍的销售技巧，都在教你如何了解顾客，发问顾客。

销售是一个尊重顾客心理流程的过程，销售是一步一步引导顾客心理做决定的过程。

第五章　轻松化解顾客抗拒

这里我们先来详细讲解完美成交的第七步骤，即如何解除顾客的抗拒点。

顾客产生抗拒的七大原因

我们首先要研究，顾客为什么会有抗拒点。有以下七个原因——

第一个原因：没有分辨好准顾客。什么叫准顾客？第一，对产品有理由产生兴趣的人。你今天要卖游艇，你不能跑去沙漠卖，你去沙漠卖当然会遇到抗拒，因为那里的人没有理由要买游艇。第二，有经济能力购买的人，没有钱他当然会有抗拒点了。第三，有决定权购买的人，他没有决定权当然会有抗拒点了。第四，倾向于购买的人。

分析准顾客的条件非常重要，只要你常常去找准顾客，你遇到抗拒的几率就会变小。

第二个原因：没有找到需求。你没有针对别人的需求，当然会遇到抗拒。明明人家现在想要找一份工作，是属于薪水高的，你偏偏跟他讲，我们的工作很锻炼人。没有用，薪水太低了他就是不会来。所以要根据明确需求去营销。

第三个原因：没有建立信赖感。顾客根本不信赖你，你产品再好他也不敢下决定，当然会有抗拒了。

第四个原因：没有针对价值观。价值观就是认为重要的事情，每个人头脑里面都有自己认为重要的事情，你没有针对别人的价值观，你违反了别人的价值观，别人自然就要给你抗拒点。

第五个原因：塑造产品价值的力道不足。你没有塑造出产品的真正价值，所以顾客在买之前，还在犹豫不决，怕太贵了。你要把产品的价值塑造得很高，他马上是要抢着来买的。记住，产品价值一定要塑造到价值大于价格。

第六个原因：没有准备好解答事先提出的方法。比方讲我明明知道很多人会说贵，所以我接起电话来就应该说："喂，请问一下，你怎么会打电话来我们公司？是想咨询什么呢？"

"我看了报纸你们有一个课程叫做Money Machine，多少钱？"

"我们的Money Machine很贵。"

"多少钱嘛？"

"很贵。"

"到底多少？"

"只有这样子，老板才上得起。你确定你要上吗？"

"到底多少钱？"

"6000。"

"才6000，不贵嘛，我报名，两个。"

…………

怎么会有这种对话？因为我先把很贵的感觉塑造出来，老板才上得起，他的那个期望被拉高了，我在报价格的时候他反而觉得6000元也不是很贵。但是如果我说Money Machine一个人报名要6000元。这么贵！我有一个事先解决别人的抗拒点的方法，我就必须事先提出，不要等别人没时间我再去解决，不要等别人提出了你再去解决。

比方讲有人说没时间，我再去解决：没时间你也要抽时间来。不太好。应该怎么样？

我有免费的票要送你，你想不想来？

免费？来呀。

那表示你有时间。有时间那所以接下来只剩钱的问题了，对，多少钱一张票？我用免费的票来套出时间他是有的，这就是一种事先准备好解答事先提出的方法。

第七个原因：没有遵照销售的程序。在销售的过程中，如果你没有遵照销售的程序，你就会遇到抗拒。我一再地强调销售是程序的问题，中间一个环节出问题了无法成交是正常的，会有抗拒也是正常的。

下面来就为大家讲解这一节。

给顾客打预防针——预料中的抗拒处理

预料中的抗拒处理有三个步骤。

第一个步骤：主动提出。什么叫主动提出呢？你自己先把顾客可能会有的问题，即使是你的产品的缺点也要提出来。

第二个步骤：夸奖顾客。你要去夸奖、赞美这个问题，赞美产品，赞美这个缺点。

第三个步骤：把抗拒当成一个有利的条件。

举个例：今天你要买这个电脑。我说：“电脑好啊，你快点买吧，下订单付钱吧。”

你说：“今天能不能拿货。”

我说：“不好意思，缺货，隔两天才能拿到货。”

“这样，那我不买了，我去别家。”你看，每一个人都想马上拿到货，所以缺货这缺点怎么办？我化缺点为优点。

“先生，这台电脑是我们这边最抢手的，你知道吗？新到的货一到就被抢光，每次货一到肯定不够，因为太多人预订了。先生，你要吗？你喜欢吗？那赶快预订，否则等货来了你再买还是被别人前面先订的拿走了。到多少货都不够，我跟你讲，你快吧。”

我主动提出它是缺货，我说它已经缺货了，我夸奖它，并且把缺货当成是对我有利的条件。我刚刚来中国大陆讲演的时候才22岁左右，我当时一上台每个人都说你太年轻了，中国人讲嘴上无毛办事不牢，所以每一个人都不愿意听我演讲。怎么办？这是个问题，我要化缺点为优点，一上台我就问："各位请问你们今天来听演讲，想要学会快速达成目标的方法，还是慢慢达成目标的方法？"

他们说："快速。"

"假如你跟一个50岁的人学习他几岁成功你大概也几岁成功，因为你跟成功的老人学，他只能教你慢慢成功的方法，那是他的经验。今天我20岁出头，就突破自己的外在年龄条件的限制，激发自己的潜力推销自我成功，就表示我能教你们快速达成目标的方法，你们说是不是？"

"是。"

年轻本来是缺点，被我说成了优点，这就是预料中的问题处理。主动提出夸奖它，把它当成是有利的条件。

如果顾客已经提出抗拒问题，怎么办？提出抗拒问题以后怎么解决？

判断真假。什么叫判断真假？判断真假就是你要先知道他讲的是真话还是借口。你的大多数顾客跟你讲的问题绝对都是借口，比如：我要考虑考虑是借口，太贵了也通常是借口，明天再说通常是借口。

顾客太喜欢讲借口，为什么？有两个原因：第一，他怕讲出真话。你是训练有素的推销员，万一讲真话被你给说服了，他就得买了。所以他干脆讲个假的，放烟幕布弹给你，你去解决那个问题。于是他便用了调虎离山之计，他就可以抽身了。他故意说我明天就来买，他故意说我回去考虑考虑，你别逼我，都是假的。

第二，顾客不好意思拒绝别人。大多数人害怕被拒绝，也害怕拒绝别人。所以顾客只好说，不是你不好是你的产品我已经有了，你讲得非常好我打算明天就买。他讲假话的原因是因为不想拒绝你，他怕拒绝你他太难看了，就是因为他不敢正面拒绝你，你更要勇敢地找出真的问题把它解决。因为他害怕拒绝别人，所以他意志力薄弱，你加一把劲卖给他，YES他就买。

判断真假，套出真相

现在跟大家分析顾客抗拒点经常有哪些假的。

1. 我要考虑考虑；
2. 我要和某某人商量商量；
3. 到时候再来找我我就会买；
4. 我从来不一时冲动下决心；
5. 我还没有准备好要买，太快了。

这些话全是借口。顾客心中真正的原因是什么？

第一没钱，第二有钱舍不得花，第三借不到钱，第四别家更便宜，第五不想向你买。他们真的是这些原因，但他们喜欢讲假借口，我讲的也许只是一些经验，当然不一定绝对是这样。可是这个经验提醒你，顾客可能是骗子，他们经常在讲骗人的话。你想想你自己当顾客的时候，有没有骗过别人？你自己当顾客的时候有没有说过谎话？有没有本来你想买某一个产品，但是想去别家比较比较？你就故意说明天我再来买，但实际上你明天不会来买。有没有这种情况？一定有。你也当过骗子，所以你千万要记住不要随便被顾客骗，听到顾客抗拒点要判断真假。

第一个步骤：假的不行，你要套出真相。举个例：有一个卖家具的，他问我怎么套出真相？很简单。

买沙发人家说太贵了。

“太贵了，你预算不足，是吧。”

“对，我预算不足。”

“有一套沙发特别适合你家，那个颜色、款式和设计，刚好就符合你需求，不过刚好超过你的预算一点点，你要看吗？如果你要看我可以搬来，如果你不要看没关系。”

这样一问对方只有两个答案，一个看，一说要看表示预算不是问题了，因为刚刚你说超出了一点点的预算，可是家具很适合你的风格你要不要看，他说要看，表示他的预算是可以超出的。他没有说我不是跟你说过预算不足怎么看，那表示预算真的是不足。

第二个步骤，你要确认他是唯一的真正抗拒点。请问一下这是今天你唯一不能跟我成交的原因吗？请问这是今天唯一你不能跟我合作的原因吗？请问这是今天你唯一不能买的理由吗？假如答案是NO，表示这不是真的抗拒点。不是，那还有别的，找别的。假如他是YES，OK，进行下一步骤。

第三个步骤：再确认一次。换句话说，要不是因为太贵了就你跟我买了对不对？换一种问法，把前面确认一次。再确认一次，他如果说要便宜点，你说要不是因为价格还不够便宜，否则你就买了是不是？他说是。再确认一次。他一说太贵了，判断真假，如果是真的，往下走。请问一下价格是今天你唯一不能跟我购买产品的理由吗？他说是。要不是因为价格太贵了你就买了是不是？他说是。等于你用两句不同的话确认了同一个抗拒点。

第四个步骤，测试成交。什么叫测试成交？

“我很好奇，假如我能让价格便宜一点你会买吗？”

“我很好奇，假如我能让价格看起来很公道你会买吗？”

“我很好奇，假如我能打折你会买吗？”

“假如我能跟老板申请到优惠价你会买吗？”

“假如我能证实这个产品是物超所值的，你会买吗？”

你要问他一句“假如我能如何如何你会买吗？”假如他说会，太好了，接下来你只需要去把价格证实物超所值或者是打折降价。他说不会，表示钱不是问题，钱就不是他的主要抗拒点了，表示那个抗拒点是假的，所以他说不会，那表示前面说价格问题是骗你的，你要去依据套出真相的具体步骤来找出真的。假如做做做，做到最后发现不是真的，当然要回去了。

“这个价格是你今天唯一不能购买的理由吗？”

“是。”

“假如我便宜点你就会买了？”

“是。”

“我很好奇，假如我能让价格便宜点，你今天会不会跟我购买？”

如果他说不是也好，至少你还没有去尝试成交，至少你还没有去解答他的问题，去降价。

有些人不懂：

“人家说大衣多少钱？”

“7000块。”

“便宜一点。”

“好吧，6000。”

“再便宜一点。”

“好吧，5500。”

“再便宜一点吧。”

“你到底要不要买？”

“我考虑考虑……”

他套出你底价了，结果他还是没买。应该怎么问？

“这个大衣多少钱？”

“7000一件。”

“你便宜一点吧。”

“我不能便宜，对不起，不能便宜。”

“我买两件。买两件。”

“你今天就要买吗？”

“是啊。”

“你刷卡还是付现金？要不要开发票？”

“便宜一点。”

“你的确要买是不是？你能接受多少钱？我去跟老板申请。”

…………

所以他说出那个价格不就要买了吗？你要掌握我是主控权。我刚刚示范的正是一种主控权。

在前面我讲的解除抗拒的步骤当中，我要求你问对方：假如我卖得便宜一点你会买吗，我是假设他的抗拒点是价格问题。他的问题如果有很多，你都可以说假如：假如你问过家人你就会买吗？假如今天我有那个款式你就会买吗？假如我的服务延长两年期限你会买吗？假如……你会买吗？他如果说不会，你只需要再次套出真相。

当他说是，这是今天我唯一不能购买的原因，你说假如我今天让价格低一点你会买吗？他说是我会买。OK，那么我申请一下。然后或者接下来你完全合理地解释回答他或者是解决他抗拒的真正点。

第五个步骤：以完全合理的解释回答他。

“先生，这样吧！假如我能跟你证明，这个是物超所值的，今天你会买吗？”

“会啊。”

“其实是这样的，我们公司多年前面临一个抉择，就是可以用更低的成本制造这个产品，让它卖给你的时候是最便宜，我们也可以额外投资研发成本，让它的功效达到最好的程度，你使用的时候虽然暂时买会比较贵，但长期来说反倒是最便宜，因为你第一次就把东西给买对了，分摊到长期的使用成本来说，其实你每一次使用的成本是最低的。顾客先生，我们都听说过好货往往不便宜，便宜往往没好货，这位先生，我们公司最后决定宁可一时为价格解释，也不能一辈子为质量道歉。顾客只是暂时在乎价格，但当顾客买回去以后他在乎的就是质量。这位先生，我们公司最后决定宁可让你买的东西比便宜的货贵一点点，也不要让你去买次级品，你应该为我们公司的决定感到高兴才对，你说不是吗？是啊。”

“所以这位先生我回答你问题了吗？回答了。”

最后一个步骤，继续成交。继续成交，就是要求成交。

化缺点为优点

现在我们来详细讲解以完全合理的解释回答这一部分。抗拒解释的部分只有一个原则：化缺点为优点。

比方我们看一张钞票，可能你会看到毛主席头像，但是在同一个地方我可能看到了人民大会堂。怎么会这样？因为是角度不同。所以一体一定有两面。

顾客说太贵了，你要告诉他：“是的，是因为产品太贵了今天我才来找你买，因为像你这种档次的人怎么可以买低级货，怎么可以为次级品付出代价，我怎么敢卖你烂东西？要用就要用最好的，以我代表市场上最好的公司为荣为傲，只有最好的公司才会卖最好的产品，只有最好的人才才能进最好的公司。”

等于你把贵翻过来让他知道，什么是贵？因为品质好、服务好。这就是化缺点为优点。

他说你们公司是小公司，我才不要跟你们做生意。他看到这一面，你要翻过来："就是因为我是小公司，你才应该跟我们做生意，因为我们更重视顾客。我们上至总裁下至每一个业务员都会亲自服务你，对于大公司而言你只是其千万名顾客中的其中之一，他怎么会这样给你服务？"

人才不愿意加入你公司，你要说："是的，我们就是因为小公司你才快点加入，因为公司以后的元老都是创业初期进来的。"你要让他知道小公司的优点。

立刻化缺点为优点。每一个缺点也都是一个优点，太贵了是缺点也是优点，公司小也是缺点也是优点，他不买的原因就是他应该购买的理由。

再比方讲，你卖保健品，顾客说，我才不买你的保健品。

你应该回答："对，正是因为这个原因我才要找你买。"为什么？因为你从不吃保健品，表示你身体现在处在一个没有保健的状态之下，所以你更需要吃保健品，今天我的使命就是让不懂健康的人懂健康。如果你吃了很多保健品的话找你干什么？"

如果他说我家里很多保健品了，你找我干什么？

"对，就是因为你家很多保健品，我才找你买这个保健品。因为那些不重视健康的人我懒得找他，你家有这么多保健品品牌表示你重视健康，来告诉我你买什么了？买维他命C买钙片，你还买帮助肠胃消化的，今天你还缺一个，只要这个就全部都好了。我是让你细胞健康，全身细胞都健康，不是等于什么都健康了吗？"

顾客不买的原因就是他应该购买的理由，不管顾客说什么，你永远可以说对。这就是今天我来找你的原因。他会说为什么，于是，你就将他不买的那个原因去找出一个正是因此他才应该买的理由。

所有抗拒的解答方案都可以用这个方法来发展出一套非常好的解释，因为这是一个真理，其实一体有两面，这个真理你要是真的把它学精通的话，你会成为一个销售大师、说服大师、领导大师。

第六章 洞悉顾客心理

在解除顾客的抗拒那部分我曾经提到过，解除顾客的抗拒有一定的步骤。

第一个步骤要先判断真假。大部分顾客讲的是借口， 所以是真的你就继续问他，这是否是你今天唯一不能购买的原因。OK，他说“是”。

接下来第二句你就要问他除了这个原因以外还有别的原因吗，或者是换句话说要不是因为这个原因，否则你就买了是不是。你希望顾客说“是”还是“不是”？当然是“是”。

接下来如果你连续两次问他，“是是”的问题的话表示这可能是今天唯一的抗拒点，是真正的抗拒点，经过了两次检测，并且也套牢了顾客，锁定他这个问题，而不会在你解决后他又冒出其他的问题。很多人在做销售的时候发现，顾客说太贵，你解释完半天他又说别家更便宜，你解决完半天他又说他要考虑考虑考虑。解决完半天，他又说他要问别人有没有这种情况。因为你没有锁定，所以现在经过锁定，套牢了顾客是唯一的真正抗拒点之后，接下来要再问他，如果今天我能如何如何解决你这个问题的话，你会下决定吗？你希望顾客说会还是不会？当然是会。但是如果他说不会的话，表示这不是唯一的真正的抗拒点，还有其他的，表示他自打嘴巴了，表示他把前两个答案又推翻了。这对你来说并没有坏处，因为你并没有去成交他。他拒绝了你吗？没有，他只是拒绝他自己，他只是证明他自己自打嘴巴了。所以在这样三次套牢的反问，套牢的检测，锁定了他的问题。如果他都是YES YES YES，对你来说是太棒了。

接下来你只需要拿出合理的解答，证明你能解决他刚刚这个问题，他就要成交了。如果他这里面有任何一句话是NO的话，那表示：第一，你就没有判断出他真正的抗拒点，或他骗你的。而经过检测检测再检测，还是证实他是假的、是借口，怎么办？是借口，你就必须让他说出真正的抗拒点，才能往下进行第三次套牢检测：

如果我能证明，我能解决你这个问题的话，你今天会买吗？他说会，接下来我们只需要继续成交就好了。

这是一个完整的解除抗拒的程序，在你读这本成交培训的教材当中，你将学到任何抗拒解除的部分，只要你发现抗拒，解除就是遵循这个程序。要彻底地将销售程序的解除抗拒部分，放到你大脑当中。只要我们一提到请回到解除抗拒部分，就是这个程序，这叫解除抗拒程序。

下面我们将在解除抗拒的部分，学习怎么解决顾客最常说的十大借口。我们要分享的解答方案：这是今天唯一不买的原因吗，除了这个之外还有别的吗，换句话说，要不是因为这个问题，否则你就下决定了对不对？如果今天我能解决你的问题你会买吗？如果他说会，接下来你就要拿出合理的解答去解决他的问题。这个合理的解释必须有一套说法，必须有一套合理的话述，销售就是话述的问题。

现在我所分享给你的这个培训训练，你必须背下来，这一套又一套合理的解释都必须背下来。你在顾客面前每次遵守这个程序，到该拿出这套合理解释回答的时候，把它给背出来，你就能成交。

只要你把我教你的方法融会贯通地背下来并使用的话，就能带来收入。你愿意去背这些话述吗，不要再自己研究、自己摸索、自己揣摩了，先死记硬背把我教你的话述背下来，接下来融会贯通，接下来你才可以发展出在顾客面前非常灵活的销售技巧，问出非常经典的销售问句。现在我们就来分享这些话术。

顾客最常用的十大推托借口

顾客的借口，通常你去计算一下都差不多，你把顾客常常会推托你的问题通通总结在一起，你会发现不会少于6个，也不会超过

10个，大约6~10个，然而很多销售人员从来不去总结，而且他从来也没有这套解答方案，当然他背不下来任何的解答方案，所以他在顾客面前就经常会被同样的问题给拒绝，就好像你每次在跟顾客在交手的时候对方总是用左勾拳，但是你却不知道，这个左勾拳又要出来，你又被左勾拳给打垮了。既然你分析你的每一位顾客都会提某些借口，你应该把这些借口统合在一起，然后计算一下这些借口到底是哪些，然后把它们归类完成之后拟出很棒的解答方案，然后让全公司的人背下所有的解答方案，然后全公司在遇到同样的问题的时候，左勾拳来了就自然能够兵来将挡，水来土淹。我的每一场销售培训课，都建议现场的企业家去做这样的工作，他们都同意都愿意但是都挪不出时间，也没有这个软件，也没有这个思考模式去思考这些回答话述，销售人员更是渴望得到这套东西。所以现在特地与所有企业家，全中国的销售人员分享这一套多年以来本人总结出来的可以说是葵花宝典、天龙八部，来让大家可以彻底地学到这一套必杀绝技，可以见招拆招。

借口之一：我要考虑考虑

现在我们要来研究的就是第一个问题，你最常听到的第一大问题是什么？

有很多顾客常常在销售最后的时候对你说：“我要考虑考虑，我要考虑考虑。该怎么回答？我先思考一下考虑考虑。”是真的他要考虑，还是大部分都是借口，答案显而易见，大部分都是借口。所以你要解决的不是任何实质的问题，而是排除他这个借口，让他说出真正的原因。葵花宝典的第一章第一节第一招第一式，现在要教你的就是解除“考虑考虑”的问题。

当你一听到他说我要考虑考虑，假设他是男性顾客，你第一句话可以这样说：“某某先生，太好了，想考虑一下就表示你有兴趣是不是呢？”我们来看一下这句话为什么要这样讲。首先你要先肯定对方，不要听到别人任何的反对意见或者借口你就跟他反驳。反驳，互相地拉锯战，针锋相对，是不会产生任何的效果的。他只会越来越反对你，所以你要先认同对方，你要说：“某某先生，太好了，想考虑一下就表示你有兴趣是不是呢？”当你这样问他的时候通常他都会说“是”。为什么？因为他想打发你，因为他想尽快地让你以为他真的要考虑考虑，所以他大部分会说他有兴趣，如果他说没有兴趣的话，那表示不会说他要考虑考虑，他自打嘴巴，表示你还没有把产品的价值塑造起来，表示你要重新回到塑造产品价值的部分。

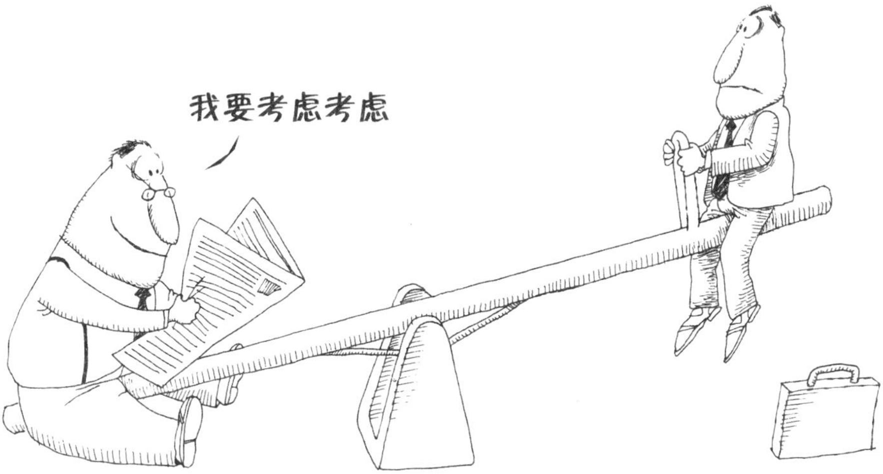

所以我们再来看一下：“某某先生，太好了，想考虑一下就表示你有兴趣是不是？”他如果说是他就已经先肯定了，他想考虑这个产品是因为他对这个产品有兴趣，所以接下来你可以再往下去问。当他说是，你要再问他第二句：“这么重要的事，你需不需要和别人商量商量呢？”想想看这句话为什么要这样问？因为你要先确保他是真的有决策权，还是真的要考虑考虑。你要检查一下，他如果是没有决策权的话你往下讲也没用，所以你需要很客观地问他，这么重要的事情你需不需要和别人商量商量。你不要不敢问这样的话，因为他如果真的要和别人商量，你不问这样的话，你继续往下走，到最后也不会成交的。所以他如果说不用和别人商量了，表示你检测成功。他不用和别人商量，他真的是自己就可以做决定了。

这时候你要说："这位先生实在是太棒了，一般很多人都没有决策权，我非常欣赏你这么有主见。"因为你要肯定他一下，你肯定完他以后，人受到赞美了，他会更加觉得自己要做出决定，你说是不是？这个非常简单，相信我不需要多说了。当你说完"很少有像你这么样有决策权和主见的人，非常欣赏你"后，他一般都说："哪里哪里。"这时候你要再问一句："这位先生，你这样说该不会是想赶我走吧（这位先生，你这样说该不会是想打发我走吧。）"你要事先问出这一句话，你不要怕。为什么？因为很多人说考虑考虑，事实上是想躲开你、打发你或者是离开你，这时候你主动要先问出来，目的就是要预先的在顾客还没有赶你走之前，你要打预防针。通常一般人听到这个话都会有什么反应？

"不会，不会，不是这个意思。"他一说不会不会不是这个意思，那你就说："那好，那我放心了。"

所以这样子，他就没法赶你走了，你就可以继续留下来了。这时候你就可以继续说："没那个意思就好，那表示你会很认真地考虑我们的产品了。"他一定会说："是，是，是，我会考虑的。"

为什么？因为他前面都是是是是。只要前面是正确的程序，这一句话问出来，通常他都会说是是是，我会认真考虑的。因为他多么想要赶快让你相信，他是真的很认真地考虑，为了自己前面的话，他就是想骗你他也要骗到底。这是借口，他根本就不是要考虑考虑，他只是拿出一个借口，所以他要让你相信，他真的很想考虑考虑，对这个产品很有兴趣，他想借此放烟幕弹让你离开。兵不厌诈。当你说那表示你会非常认真地考虑我们的产品，他说是是是，我会非常认真地考虑的，于是你最后一句怎么说？你开始要逆转形势了："既然这件事这么重要，你又会很认真地考虑你的最后决定，而我又是这方面的专家，何不让我们一起来考虑？你一想到什么问题我就立刻回答你，这样够公平吧？"于是顾客一听到这句话就点头了。

于是你就说："坦白讲，顾客先生，你现在最想考虑的第一件事是什么事呢？是不是钱的问题？"

于是这时候他才不得不说出他心中真正不买的原因了。

我们再一次地把这个我要考虑考虑连贯地演示一遍给大家看，

"我要考虑考虑。"

"某某先生，太好了，想考虑一下就表示你有兴趣是不是？"

"是啊。"

"这么重要的事，你需不需要和别人商量商量？"

"不用了。"

"你非常有主见，我非常欣赏你。"

"你客气客气。"

"你这么说该不会是想赶我走吧？"

"你别这么说，不会不会。"

"那就放心了，表示你会很认真地考虑我们的产品。"

"是是是，我会很认真的。"

"既然这件事这么重要，你又会很认真地做出你最后的决定，而我又是这方面的专家，为何我们不一起来考虑？你一想到什么问题，我就马上回答你，这样比较公平，你说是不是？坦白讲，你最想考虑的一件事是什么事情？请问是不是钱的问题？"

"是。"

“那太好了，原来是钱的问题，让我们来讲解一下为什么这个产品价格那么高。”（你这时候再去回答真正的钱的问题。）

“除了钱的问题还有别的问题吗？换句话说，这个要不是因为价钱高你就买了吗？”

…………

这里需要向你解释，你正在使用抗拒解除的几大步骤，抗拒解除有几个锁定式的问句，还记得吗，要背下来牢记在心，而不是遇到什么问题直接冒出来回答，你没有锁定效果是不好的。让我们来看看几大锁定的解除抗拒的问句：**一、判断是真是假；二、确认它是唯一的真正的抗拒点；三、再确认一次；四、测试成交；五、以完全合理的解释回答他；六、继续成交。**

现在我们用同样的道理再演示一次另外一种，考虑考虑的回答方法。假如你的顾客就说：“我今天是不会买的，我今天要考虑考虑，你放心我真的是以后会考虑，会找你的，你先走吧。”于是他怎么样也不肯买。你可以说：“某某先生，我听你这样讲，显然你心里有其他的疑虑没有告诉我，要不然你不会这样讲。我很想知道，到底是什么原因让你今天不愿意跟我做生意，你可以告诉我你心里真正的话吗？（你很坦白地去告诉他）其实你说你要考虑考虑，我知道这是借口，请你讲出你真正不跟我做生意的原因。”

这样你虽然捅破了他的谎言，但是他也会保留一定的面子。你的语气要缓和，要非常地尊重对方，用来请教他的口吻跟姿态问出，他真正不能跟你做生意的原因。

还有一个方法。比方讲你去推销一个产品，顾客就说不买，那怎么办呢？他怎么样不肯买呀，他说我要想清楚再说：“你先走，我要考虑考虑再说吧，你先走吧。”

怎么办？你就可以把产品收起来，很沮丧地准备要走掉。你说：“顾客先生，既然今天你不肯买，那我只好走了。”

要走之前你拉开他的办公室的门，这时候你回头来一句：“顾客先生，我刚做这行，是个新人，我很想知道今天我到底做错了什么事？我跟你介绍完这么多我们的产品优点跟功能之后，你竟然没有决定要跟我买，那表示我一定有什么地方做得不好，今天我离开之前，请你帮我一个忙，告诉我我哪里做错了，下次我在其他场所做销售的时候，就不会再犯同样的错误，就能做得更好，可以吗？”你恳请对方告诉你你做错了什么事，对方一听：“也没什么啦，其实你没犯什么错，是东西我觉得实在有点贵。”

“原来是太贵了，表示我刚刚还是没有说清楚这个产品的价值，让我重新再说一遍。”于是你关了门打开东西，再开始介绍。这叫回马枪成交法。为什么呢？因为你这叫套出真相，你不能听到考虑考虑你就放弃，你要套出真相。当顾客觉得你要走的时候，他的防心就卸除，卸除之后他看你要走蛮可怜，他就跟你讲真的不买的原因，原来是价格比较贵。所以你听到价格比较贵你能走吗？当然不能走了，你要回来继续地去解决人家价格的问题（请参阅抗拒解除的程序，并且学会价格太贵了的回答方法，然后你就可以去解决那个问题了）。

记住销售是程序问题。所以读者请努力把这第一式“我要考虑考虑”给练好。你可以把我刚刚示范的三种方法写下来，记下来，最后背会。在笔记本上，在手册上在你们公司的销售话述上，都可以稍作讨论，看看哪些适合你们，哪些不适合你们，因为毕竟我提供的版本是我设计适合于大部分人的版本，不一定这么有针对性，不一定就适合你的公司，所以你要把它调整成适合你公司的发问方法或者是一些特定专用名词。

借口之二：太贵了

我们常常听到顾客讲得最多的抗拒点，最多的拒绝原因，最多的不买你产品的理由是什么？是钱的问题，顾客常常讲太贵了。如果你常常遇到顾客说太贵，那么你一定要把太贵了的解答方案给学得非常精通，滚瓜烂熟。你必须能解除钱的问题，你才能在商场上绝对成交，因为全世界每一个行业、每一个销售人员、每一个做生意的人都遇到过太贵的问题。每一个顾客永远会讲太贵了。在几千年前的市场上有人说苹果太贵了，鸡蛋太贵了，几毛钱一斤的蔬菜有人说太贵了，在几千年后的今天有人说“太贵了，太贵了，太贵了”，买一个1块钱的东西也说太贵了，他要5毛钱买。买一件100块的衣服领带衬衫有人说太贵了，他要50块买。“太贵了”已经变成每一个顾客在买东西的时候的口头禅了。他一定会跟你谈到钱的问题，所以我敢断言，不会解除价格问题的销售人员是永远赚不到钱的，不会解除价格问题的销售人员是永远无法成交的，你说是不是？所以这一问题我准备了特别多的回答方法、特别多的招式来供你学会。

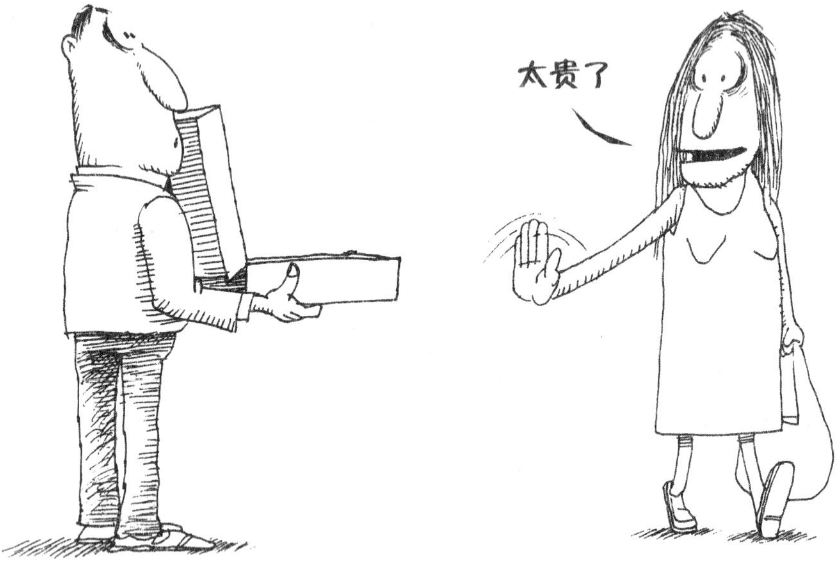

第一个方法叫价值法。什么叫价值法？我们要先了解，会成交是因为顾客感觉到价值大于价格，所以你要让顾客觉得这个产品物超所值他就会买。什么叫价值？价值是顾客买来这个产品以后长期带给他的很大的利益。很多产品它眼前虽然很贵，但是长期能带给顾客很大的利益，这些都叫做价值，你要算出来。在未来长期会带给他多大的价值。

比方讲如果你购买我们的一套教材，我现在算给你听价值有多大。因为你今天学会了一个成交方法，你把一个方法学会在顾客面前用出来，每天多成交一个客户，如果贵公司多成交一个客户能带来净利润100元的话，那么一天多成交一个客户，30天多成交30个客户是3000元。一年12个月，一个销售人员学会这套方法之后能多帮你赚多少钱？36000元。贵公司有10名销售人员的话是36万。只是一年，如果你们用10年的话那是360万。如果贵公司有100名销售人员的话，3600万。请你想一想，你投资这一套教材的价格才多少钱，这就是我能为你带来的价值。你买的不是书，你买的是我现在所讲给你的话，是十多年来的全世界最直接增加收入的，在顾客面前短兵相接肉搏战的时候，能直接把话说出去，把钱收回来的必杀绝技，你买的是现在我教给你的这个增加收入的秘诀，你买的是360万，3600万，你买的是钱，能用1万块钱买走3600万，你觉得好不好？当然好。这就是我给你的价值。什么叫价格？价格就是他眼前购买这个产品，暂时所投资的金额，现在如果把你的产品的价值计算出来，如果能大于你们所销售的价格的话，你就可以用接下来我讲的这一套方法（你先理解我跟你讲的这个原理，然后你把这套方法背下来，然后你融会贯通，转换变通成适合于贵公司的方式）。

现在我们来学习这一套说法：“客户先生，我很高兴你能这么关注价格，因为那正是我们最能吸引人的优点。”看到没有，我又是先同意对方。你要说客户先生我很高兴你能这么关注价格，因为那正是我们最能吸引人的优点。也就是说你不要听到人家说太贵你马上说不贵，太贵了你说那是贵得值得，你不要跟人家反驳，你要先同意，然后再慢慢改变他的思想：“客户先生，我很高兴你能这么关注价格，因为那正是我们最能吸引人的优点，你会不会同意一件产品真正的价值是它能为你做什么，而不是你要为它付出多少钱，这才是产品有价值的地方。”他通常都会点头。他说是啊。

“如果你在荒漠里走了两公里，快要渴死了，一瓶水值100万，你说是不是？因为这瓶水可以让你重获回家所需要的力气，这是这一瓶水的价值。如果有一个人卖水，他一瓶水卖十块钱，如果你刚好有钱，我保证你不会跟他讨价还价，你一定会买这瓶水，因为它能为你带来生命，你说是不是？”当你这样跟客户讲解完之后，你等于引导了顾客思考你的产品，不管有多贵它能为他带来的价值是多少。这时候，顾客听完这个引喻法之后，他就知道了：东西不能按照东西本身的制造成本价格来算价值，价值是指它能为你

带来的利益。这时候，他就会给你一个机会去计算产品的价值，去计算产品为他带来的利益。所以，写出你的产品是怎么样计算，能值多少钱，就像我在介绍我们这一套销售培训的教材时，一样计算的方式要让客户非常地容易接受，并且算出金额。

第二个方法叫代价法。什么叫代价？本书当中所说的代价就是指他没有拥有这个产品长期所带来的损失，是他所要为他错误的购买决策，为他的拖延，为他的恐惧，所要付出的更大的代价。

你真正相信你的顾客没有你的产品会带来多大的损失吗？你真正相信你的顾客买错了产品，买到其他品牌的产品会为他带来更大的损失吗？如果是的话你要告诉他，他会付出更大的代价："客户先生，让我跟你说明，你只是一时在意这个价格，也就是在你买的时候，但是整个产品的使用期间，你就会在意这个产品的品质。"接下来你要降低你的声音，看他的两只眼睛，因为你的声音、语调、动作都会产生影响力。你要说："难道你不同意宁可比原计划的投资的额度多投一点点，也不要投资的比你应该要花的钱少一点点吗？你知道使用次级产品到头来你会为它付出更大代价，想想眼前省了小钱反而长期损失了更多冤枉钱，难道你舍得吗？"

这一段话让他心生恐惧的时候，你必须降低声音，因为降低声音别人会更仔细听，这也是一种强调。必须看着顾客的眼睛，表示你的肯定。看着顾客的双眼问他这一句话：你舍得吗？他通常会觉得有道理，舍不得。于是你把他嫌贵的心理找到，反而利用他嫌贵的心理去让他知道，买很贵比不买更贵。

第三个方法叫做品质法。为什么你的产品贵？你相信一句话，"好货一定不便宜，便宜也一定没好货。所以我公司的产品会比较贵，那是因为投资的钱比竞争对手那些便宜的产品更多。"所以一分钱一分货，换句话说你要让顾客知道不是我的东西贵，而是我花了太多的投资，让它的品质达到一流的水平。所以东西不是价格的问题，是它的价值的问题。你要讲解给顾客听。

了解了这个道理，我们再一起来学习和背诵这一招：“客户先生，我完全同意你的意见，我想你一定听过好货不便宜，便宜没好货吧，身为一家公司，我们面临一个决择，我们可以用最低的成本来设计这个产品，使它的功能减到最低，或者我们也可以花额外的投资在研发上，使你拥有这个产品时获得最大的利益，让产品为你发挥最大的功效。也把你要做的事情，做到最好的程度，所以产品会比较贵一点点。但是所投的钱，可以分摊到保用一辈子的时间，所以你每天的收益是不可计量的。客户先生，我认为你应该一开始就投资最好的产品，否则到头来你得为那种次级品付出代价，不是吗？所以你为什么不一开始就选用最好的呢？”

品质法的第二个方法：“客户先生，大多数的人，包括你我都可以很清楚地了解到，好东西不便宜，而便宜的东西也很少有好的。客户有很多事可以提，但大多数的人都会忘记价格，然而他们绝对不会忘记差劲的产品和差劲的服务，要是那些商品的品质很差劲的话，你说是吗？”

亲爱的读者，客户的确是有很多事可以提，但是他们会忘记价格的。他们忘不了的是差劲的品质和差劲的服务。根据统计，人们记住负面印象的记性比记住正面印象的记性大四倍，也就是说顾客每天在使用产品的时候，遇到好东西他未必会记住，但遇到烂东西他可是会记得很清楚，而且到处去宣传，这叫好事不出门，坏事传千里。所以客户他买的时候嫌这贵，但他买一阵子就忘记了，但如果他买到烂东西的话，他不会忘记。所以你不要卖他不好的东西，你不要卖他差劲的产品差劲的服务，你宁可卖他贵东西，宁可一时为价格解释，也比事后为品质道歉容易多了。一时为价格解释是暂时的，一辈子为品质道歉却是永久的。

品质法的第三个方法。这一招一式全都是总结了世界上各行各业世界销售冠军的秘诀，他们所有人使用的方法被我去芜存菁地统合在一起交给你，所以同样一个品质法有这么多的问句，你把它全部都学会之后，你才会在顾客面前不抉词穷。品质法的第三个方法的问句是这样的："客户先生，你也知道在很多年前，我们公司就做了一个决策，我们认为一时为价钱解释是很容易的，然而事后为品质道歉却是永久，你应该为我们的抉择感到高兴才对，不是吗？一时为价钱解释，真的要比事后要为品质道歉容易多了。"亲爱的读者你想想看，你到底愿意一时为价格解释，还是一辈子为品质道歉？如果你只会卖便宜产品的话，便宜卖给他了，但东西要是出问题了你将永远失去这个顾客。

品质法的这三种方法的三段问句你可以整合在一起讲给顾客听："客户先生，我很高兴你这么在乎价格，这正是我们公司的优点，为什么？因为多年前我们公司就面临了一个决择，我们可以用最低的成本，来设计这个产品让它的价格降到最低，我们也可以额外投资研发成本，让它的功能达到最好的程度，能把你要做的事情做到最好的效果，同时保用到一辈子的使用时间，往往每天分担的价格其实是最低的，但是能为你创造的效益却是不可计量。我们都听说过好货往往不便宜，便宜往往没好货，所以顾客先生，我认为你宁可投资得比原计划额度多一点点，也不要投资得比你应该要花的额度少一点点。顾客有很多事可以提，但他们忘记了价格他们忘不了差劲的品质的产品。如果今天我为价格解释，那是一时的，但如果我终生为差劲的品质而道歉，却是永久无法弥补的。顾客先生，你说不是吗？最终我们公司决定，宁要让顾客第一次投资就投资最好的产品，也不要让顾客一辈子为次级品付出代价，你应该为我们公司的抉择感到高兴才对，顾客先生，你说不是吗？"他说，是是是，你不就解决了价格的问题了吗？

品质法的第四个方法："顾客先生，我们公司的产品的确很贵，这正是我最自豪的地方，因为只有最好的公司，才能销售最好的产品，也只有最好的产品才能卖到最好的价钱。当然也只有最好的人才，才能进入最好的公司。我以代表市场上最好的公司为荣为傲，我们都知道好货不便宜，便宜没好货，其实最好的产品往往也是最便宜的，因为你第一次就把东西给买对了，你说是吗？你为什么要买那种勉强过得去的产品，如果是长期使用的话好东西的成本会比较低，你同意吗？”听听看，这样的讲法也是强调品质，同时你不但不担心贵，你还以最好的产品才能卖到最贵的价格，最好的人才才能进入到最好的公司，这样的说法来代表这是你引以为傲的优点，所以这样可以在顾客面前传达一种真正的自信。你要能够用很自然的语气把它背出来，好像在跟一个人谈话聊天一样把它说出来。

第四个方法叫做分解法。有些顾客不论你怎么强调品质好、服务好，他还是想买便宜的，所以怎么办？你要去让他感觉到其实并不贵，也就是说你要转换顾客的感受。怎么转换呢？使用分解法。

第一个步骤，你问他贵多少。比方讲今天你卖给他一套产品，他说太贵了。你问他，贵多少？他说一般别家才卖1万块，你们却卖10520块，太贵了。所以贵了520块。这是第一步骤。

第二个步骤，计算这个产品使用的年份。客户先生，你知道我们这个产品虽然比别人贵，可是可以多用多久吗？可以多用10年。换句话说，每一年平均才多花52块。这也就是第三个步骤，算出每年平均贵多少，贵52块。

接下来第四个步骤，将这个数字，每一年多花的钱除以52。为什么除以52？因为一年刚好是52周。“这位先生你知道吗，一年有52周，所以我们算一下每周其实除下来平均才多花多少，1块钱。”这位先生，请问这个产品是办公室使用还是在家里使用？如果是办公室使用的话再除以5。为什么？因为办公室一周上班几天？五天。如果在家里使用的话，再除以 7 ，因为一周有 7 天。所以1块钱，请问是在哪里使用？他说是办公室使用。那我们除以5，等于每天你才多花两毛钱。算到最后，顾客先生，你愿不愿意每天只要多花两毛钱，让你们的办公室得到纯净清洁的纯净水机，让你们拥有纯净清洁的空气？或者你想要卖给他保健品，或者是一种培训服务，或者是一个整体的电脑方案，只要他嫌你的产品贵，算出贵多少，再用贵出来的多少钱去除使用年份，再除一年52周，再除每周5天或7天，最后算出每天多的钱，他就会感觉实际上不贵。亲爱的读者，请你用这个分解法计算一下你公司所销售的产品，分解到最后每天才为这个产品投资多少钱，或者是你比同行贵多少，如果你是卖1000块同行才卖800块，所以贵200。把这个贵200来算一算，算到每天多投资多少，去使用一下这个分解法，让顾客感觉其实并不贵。

第五个方法叫如果法。面临太贵了我已经介绍了好几个方法。现在介绍，当你真的要降价的时候怎么办？你不要忘记，一定要问他：“客户先生，如果价格低一点点那么今天你能做出决定吗？”很多人不会这样问，人家说太贵了，那刚好你可以给他打个八折。你就说，好吧，那我打你八折，当你就打八折，他就说那我再比较比较。你给他降价了他也没有买，为什么？因为他想要比来比去，到处比到最低的。所以怎么办？你要先反问他，其实这一句在解除抗拒的程序里面讲到过，反问他顾客先生如果价格低一点点，今天你会买吗？你希望他说会还是不会？他说会是最好的了，他说会，完了你再去降价，他说会，你说那你要买几套，那你要开发票吗，那你要现金还是刷卡？你只要往下问往下问，最后给他一个折扣让他成交，而不是先给他八折，再让他说我考虑考虑要不要买。

如果他说不会，如果给你今天的价格低一点点，你今天会做决定吗？他说不会。他说不会的话表示价格是不是真正的原因？当然就不是了。不是那你为什么要去降价？不是那你不用降价。当然会有人说看你给我便宜多少再说，所以你可以反问他多少钱你会买？当他说你给我八折我就买，你说那你要买多少？那你今天你能付款吗？你刷卡还是付现金？要不要发票？然后把东西装进去，好吧算你八折。所以你要反问。反问"如果……"，这个是全世界每一个销售冠军一定会用的方法，所以你一定要学会。在降价前要问他如果：如果我算你便宜一点你会买吗？如果我给你优惠一点你会买吗？如果我给你打个折你会买吗？如果我给你算优惠一点你今天能做决定吗？诸如此类的问句，务必花时间把它给练好，然后转换成适合贵公司的问句。

第六个方法叫明确思考法。什么叫明确思考法？也就是说顾客的头脑根本不清楚产品到底有多贵或者贵多少，或者是说他想要用多少钱买，或者说你的东西为什么会这么贵，他都不清楚他很模糊，他只是口头禅喜欢讲太贵了。这种顾客太多了，所以怎么办？所以你要帮他明确思考。比方讲有人跑过来跟我讲："杜老师，你的课程啊太贵了。"我说跟什么比？他说跟什么比，跟买一本书比。我说买书多少钱？他说买书才20块。我说我的课多少钱？你的课要几千块甚至要上万元。我说那上课跟看书有什么差别？那看书当然是只有一些理论文字，那上课有现场有互动，可以当场解答问题更有针对性了。我说为什么我的课程贵你知道了吗？知道了。看到没有？他自己把他的问题给解决了，买一本书很便宜，但他拿书跟我的课比，我的课当然贵，那书跟课会有不同的价格是因为什么，让他自己说，因为效果不同，所以他自己把这个问题给解决了。所以我教你两句话，人家一说太贵了你问他什么？跟什么比。第二句话你问他，为什么？比方讲你卖全世界最贵的皮包叫做LV，那他跑来买的时候这个皮包多少钱？你说2万块。他说2万块太贵了。你不要说不贵LV不打折，你不要说继续比较比较，这会让顾客感觉到你不尊重他，没有做生意的人是这样子对顾客说话的，所以你千万要训练好你的门市小姐，训练好你的店员。我发现很多人是这样讲，没有经过训练的销售人员，天天在得罪顾客，帮你赶跑顾客，所以太可惜了。不要跟他针锋相对，你只要问就好。多少钱这个皮包？2万。太贵了，你是跟什么比？我在街上也看到地上卖这个LV皮包，才200块，为什么？那当然啦，它是仿冒的，你的是正牌的。所以正牌的当然比较贵了。所以让他明确他的思考，帮他理清他的思路，这是一个非常好的发问技巧。

现在我们已经学了解除太贵了借口的六个方法：第一个是价值法,去强调产品带来的利益；第二个是代价法，去强调没有产品所带来的损失；第三个是品质法，强调产品为什么会贵是因为品质高；第四个是分解法，分解到一天当中他所投资的钱，事实上产品感觉是不贵的；第五个是如果法，如果要降价，你也必须先问人家，你今天能做决定吗；第六个是明确思考法，让他明确他的思考帮他理清他的思路。这些方法我们务必融会贯通并把它们背下来，如果愿意的话去试试看，绝对能让你的收入产生不可思议的变化。

借口之三：别家更便宜

顾客第三个常常拿出来的武器是别家更便宜。你怎么跟他解释我的品质好我的价值好，你怎么跟他强调我的产品分解下来很便宜，他还是喜欢跟你讲说，一样的东西别家更便宜。怎么办？没关系。我们还是见招拆招，兵来将挡水来土淹：客户先生，你说的可能没错，你或许可以在别家找到更便宜的产品，在现在的社会中我们都希望用最少的钱达到最大的效果不是吗？他说是。于是你怎么说？同时，我也常常听到一个事实，每次都先肯定对方，然后再说同时我也听到一个事实，你先认同他然后再把观念转换到你的观念上面去。用“同时”两个字而不是要用“但是”。不要说但是，要讲同时。同时我也常常听到一个事实，那就是最便宜的产品往往不能得到最好的效果，不是吗？许多人在购买产品时通常会以三件事作评估，一是最好的品质，二是最佳的服务，三是最低的价格，对吧，到目前为止我还没发现有任何一家公司可以同时提供给顾客这三件事情，所以我很好奇，为了能让你长期使用这个产品，这三件事，对你××先生而言哪一项是你愿意放弃的？是最好的品质吗？是最佳的服务吗？还是最低的价格呢？最后一句话要放低音调——还是最低的价格呢，因为你要引导他去想那个最低的价格才是愿意放弃的，所以你就需要放低音调看着他，然后让他被你引导。看着他眼睛问完以后，你就说我们宁可投资最好的产品也不要买次级品，你说是不是？于是他说是。

这个道理很简单，就是说你要给他三选一，选愿意放弃哪一个。“这位先生，我同意你的说法，每个人都希望以最低的价格买

到最好的产品，同时我也知道每个人买东西的时候都会以三件事做评估，第一是最好的品质，第二是最好的服务，第三是最低的价格，那我做生意这么多年，还没有发现有任何一家企业，能同时提供给顾客这三件事情。因为好货往往不便宜，便宜往往没好货，你说是吗？所以我很好奇，为了能让你得到最佳的效果，”这句话很重要，你要先把这句话讲出来。

“为了能帮你得到最佳的效果，顾客先生，这三件事情哪一件是你愿意放弃的呢？是最好的品质吗？”

他说：“不是。”

“最佳的服务吗？”

“不是啊。”

“那是最低的价格了？”

“是。”

如果你没有把前面那一句话说出来，你没有说为了能帮你得到最佳的效果，如果你直接问顾客先生：所以我很好奇，这三件事情哪一件是你愿意放弃的呢？是最好的品质吗？是最佳的服务吗？他说对呀。糟了怎么办？他宁可要最低的价格，他也不要最好的服务。所以你要先问他：“为了能让你得到最好的效果，这三件事情哪一件事是你愿意放弃的？是最佳的品质吗？”

“不是呀。”因为要得到最好的效果。

“是最好的服务吗？”

“不是呀。”为了要最好的效果必须要服务。

“那是最低的价格了。”于是你问完这一句话以后，他说那放弃最低的价格吧，你就成功。或者是他不说话，你就说：“我们宁可一开始就买最好的，也不要到头来为次级品付出代价，你说是不是？”你不管最后一句话说什么，都是引导他说YES，你就成功了。

借口之四：超出预算

第四个借口还是跟钱有关的。什么问题？超出预算的问题。

顾客会说："这个东西我们公司没有预算，这产品跟我计划的投资不符合，这东西高过我的计划了。"这种时候怎么解决？

"××先生或者××小姐，我完全了解这一点，一个管理完善的公司需要仔细的编列预算，因为预算是帮助公司达成利润目标的重要工具不是吗？"

他说："是。"

我们来分析一下，当他说超出预算，为什么会这样说？因为一个公司是有编列，什么产品我只能花多少钱，什么设备我只能投多少钱买，为了要控制成本，所以我们会设计预算，编列完预算之后严格控制，才能创造利润。营业额高但花太多钱就没利润，所以多赚少花，开源节流，增加了收入，再降低成本，利润就出来了。所以你要很肯定对方这是对的。他说超出预算了你要怎么说？

"××先生，我完全可以了解这一点，一个管理完善的公司需要仔细的编列预算，因为预算是帮助公司达成利润目标的重要工具，不是吗？"

他说是啊。

"为了达成结果工具本身应该具有弹性，你说是吧？"

他说是呀。有道理，因为利润目标是结果，为了达成这个结果，工具本身需要有弹性。到底是目标重要还是方法重要？当然是目标重要了，因为同一个目标这个方法行不通，可以换下一个方法。方法有无数种，但目标只有一个，所以公司的利润才是目标。那编列预算只是为了达成目标的一个方法。所以前面先肯定他，后面马上要来提醒他其实工具本身要有弹性，也就是说方法要灵活，所以他当然会同意啦。

"假如今天有一项产品能带给贵公司长期的利润和竞争力，身为企业决策者，为了达到更好的结果，你是愿意让预算控制你，还是你来主控预算？”答案当然是我来主控预算了。企业决策者要思考长期，要达到更大的利润，今天这个产品短期可能会比较贵，会降低公司的利润，但是长期能带给公司更多利润的话，那当然是愿意选择它了。顾客身为总裁怎么可能让预算去控制总裁？达不到他要的结果，他对公司难道就是做对事情做对决策了吗？不是。你让他眼前好像多花一点钱增加成本，但长期可以达成他真正想要的大结果，这才是帮助他。你不要让顾客用预算给打退堂鼓，如果你的产品真的能帮助他的话，你不要妇人之仁，用谦虚和蔼的语气，勇敢地说出来这三段特别重要的话：

“假如今天有一项产品能帮贵公司带来长期的利润和竞争力，身为企业决策者为能达到更好的结果，你是要让预算来控制你，还是你来控制预算？”

他听到你谦虚和蔼的语气，又充满了真正的道理，也就是真理他会重新考虑预算是不是可以增加的。预算是谁做出来的？也是总裁做出来的，所以你找到决策人了，他能被预算控制吗？应该是不能的，而是他能控制预算的。

借口之五：我很满意目前所用的产品

顾客最喜欢用的第五个方法是：我很满意目前所用的产品，所以你不要来卖给我新的东西。你要卖给他的东西他说他已经有了并且很满意，那怎么办？你怎么成交呢？一般很满意的顾客说完很满意的话之后，你通常就会拎包走掉，通常都不敢再拜访他，对吗？没关系，照样能够让他兵来将挡，水来土淹，见招拆招。现在这一招叫做我很满意目前的产品，一共有以下八个步骤：

第一个步骤，要知道顾客目前所使用的产品。比方讲你要卖他IBM电脑，他目前用的是惠普电脑，所以你就要先知道他为什么

不买我的IBM，他说因为我很满意目前的产品。你现在是用哪一家的？我们是用惠普的。第一步骤就结束了，惠普的。

第二个步骤，你要知道顾客目前所使用的产品他是否满意。那你用惠普你满意吗？满意呀，满意。他当然会说满意，他如果说不满意不就要换了跟你买IBM了吗，所以当然说满意。他说满意怎么办？

第三个步骤，要知道顾客目前产品所使用的时间。那你用惠普用多长时间了？用三年了。三年了，第三个步骤结束了。

第四个步骤，你要知道他使用这个产品之前用什么。那我很好奇，用普惠之前贵公司你是用什么产品？用惠普之前是用联想。用惠普三年了，用惠普之前用联想，他是说三年前用联想。

第五个步骤，你再问他下一句，当初从联想转成用惠普的时候，你考虑了惠普的哪些好处？第五个步骤就是转变时，他考虑的利益有哪些。当初从联想转成用惠普的时候，你考虑的利益有哪些啊？他说国际品牌，价格也很合理嘛，还有用起来维修网点全世界都有服务。还有呢？没有了。比方讲他说了三个好处，是他从联想转惠普的三个优点，被你知道了就完成第五个步骤了。

第六个步骤，转变后他考虑的利益有得到吗？那你用惠普用了三年了，这三年来你当初考虑的三个利益得到了吗？哪三个利益还记得吗？对啊，价格合理，服务网点多，国际化形象。得到得到得到。他当然说得到了，他如果说没得到表示刚刚前面自打嘴巴，这样说对你有什么好处？有好处，为什么？表示他不满意，不满意就可能要买你IBM了。他得到了，得到了，很好。你真的很满意吗？

第七个步骤，就是问他真的很满意吗？他说真的很满意，他真的是无论如何都会说满意的对不对？对，因为他特别想要让你不要找他买IBM，对不对？所以讲借口的人都是会这样子，他说真的很满意了。

第八个步骤，问他告诉我既然三年前你做出了改变的决定，为什么现在你又否定一个跟当初一样的机会，出现在你的面前呢？当初你的考虑带给你的更多的利益，现在你为什么不再做一次？你问他既然三年前，你从联想转变用惠普的时候，你考虑的好处得到了，而且真的很满意你当时所做的决定，而现在你让它从惠普换IBM不正是跟三年前一样的决定了吗？

以上八个步骤可以用一个模式来概括：

“请问你要买我A产品吗？”

“不要了。”

“为什么？”

“我有B了。”

“你用B是多长时间了？”

“用三年。”

“很满意吗？”

“很满意。”

“用B之前你用什么呢？”

“用C呀。”

“当初三年前从C转成B的时候你考虑了什么好处？”

“考虑了一二三。”

“考虑之后你得到了吗？”

“得到了得到了。”

“你真的很满意吗？”

“真的。”

告诉我既然三年前你做出了从C转换成B的决定，并且很满意自己当时所做的考虑，现在为什么你又否定一个，跟当初一样的机会在你面前呢？当初你的考虑带给你了更多好处，为什么你现在不再做一次考虑？你说我说得有没有道理呀？

这个模式很有说服力，顾客是无法抗拒的。既然他曾经考虑过一些好处并且更换了一个产品，而更换之后很满意自己所做的决定，现在你带给他一个新产品正是跟当初一样的一个机会，他当初的考虑带给他更多好处了，他现在再做一次也有可能对他没有更多的好处，但他也有可能得到更多的利益，他不应该这样直接、马上拒绝你，而不做任何的考虑，他应该再做一次考虑才对，对不对？并不是这样问完以后，他就必须买产品，而是给你一个让他再次考虑的机会，让他把NO收回去，让他把借口收回去。既然当初你做出了改变的决定并且很满意自己所做的决定，今天你为什么不再做一次呢？这样讲好像是要给人做决定，所以我们不应该这样说。而是要说：“既然当初你的考虑，带给你更多的好处，现在你为什么不再考虑一次呢？既然你三年前的考虑，带给你更多的利益，并且你很满意自己当初所做的考虑，现在你为什么又否定一个跟当初一样的机会出现在你面前？当初你的考虑带给你那么多好处，现在你为什么不再做一次考虑呢？”假如这个话，让他再给你一次机会去介绍产品，让他愿意考虑，并不能让他马上做决定成交，但这样已经不错了，这样子已经不会让他一句“我很满意目前的产品了”就把你推在门外，拒绝你到底了。给他自己一个机会，也是给你一个机会，所以这段话在于让顾客去思考为什么不再给自己一个机会。

曾经在1998年的时候，有一个人，他是保险业的销售冠军，在黑龙江省，他连续多年成为了销售冠军，卖保险第一名，但是他还是很谦虚地跑来上我的绝对成交课。当年我才23岁，他来上课的时候坐第一排，我很好奇看着他，因为他带了一个女孩子一起来上课。在课堂上我讲到这一个解除抗拒的方法，他在学完之后非常地兴奋，当场跟旁边的女孩子讲：“请问你为什么不肯跟我做朋友？当我的女朋友好吗？”

那位女孩子说：“我很满意目前的男朋友。”

“你很满意目前的男朋友？”

“对呀。”

“真的很满意吗？”

“很满意呀。”

“你目前的男朋友是谁呀？”

“是一个老师。”

“老师，你跟他交往多久了？”

“三年了。”

“三年了？”（那么巧，刚好也是三年？）

“请问一下，三年前你跟老师在一起之前是跟谁在一起呀？”

“是跟一个军人在一起。”

“那当初从军人三年前转换跟教师的时候，你考虑了他的哪些好处？”

“当老师比较斯文、比较有礼貌、比较照顾我，经济收入也蛮稳定的，我就跟他在一起了。”

“三年前你考虑的这三项好处得到了吗？”

"得到了。"

"你真的很满意你跟老师在一起吗？"

"真的。"

"那请告诉我，既然三年前你做出了改变的决定，并且很满意自己所做的考虑，为什么三年后的今天，你又否定一个跟当初一样的机会出现在你面前呢？当初你从军人换跟老师的时候，考虑了更多的好处，现在都得到了，并且很满意，现在你为什么不再做一次考虑，说不定我这个保险冠军，也能带给你更多的好处，你说不是吗？"

那女孩子一听有道理呀："好吧，那我就跟你交往看看，我看看能不能从你身上得到更多的好处。"

当场销售冠军使用我教的成交技巧去成交了他的女朋友。学会成交技巧不只让你卖出更多产品，还能让你更有魅力交到更好的女朋友。因为我教你的成交技巧是一种原理，了解人性，利用人性在想什么、害怕什么来让他知道，买你的产品就可以得到他想要的，就可以避免他所害怕的，于是你的产品就能够成交。而你今天就算不是推销产品，你了解完人性、了解完说服的原理之后，你也可以推销你的观念，推销你的公司，推销你的计划，推销你自己，也是没有问题的。一切的成功都是销售成功，领导力的成功也是销售成功，而销售最重要的关键就是要成交。

以上这八个步骤是专门成交已经在使用个人很满意的产品的顾客的，根据这八个步骤写出八段话，适合你公司的产品适合你的语气适合你的转换方法，努力练习，一定会有收获。

借口之六：××时候我再买

第六个很多顾客常常会说的借口叫做××时候我再买。六个月后我再买，半年后我再买，两个月后我再买，下个月我就买了，过两天我再买。这些××时候我再买的借口我们常常会遇到，怎么解决?

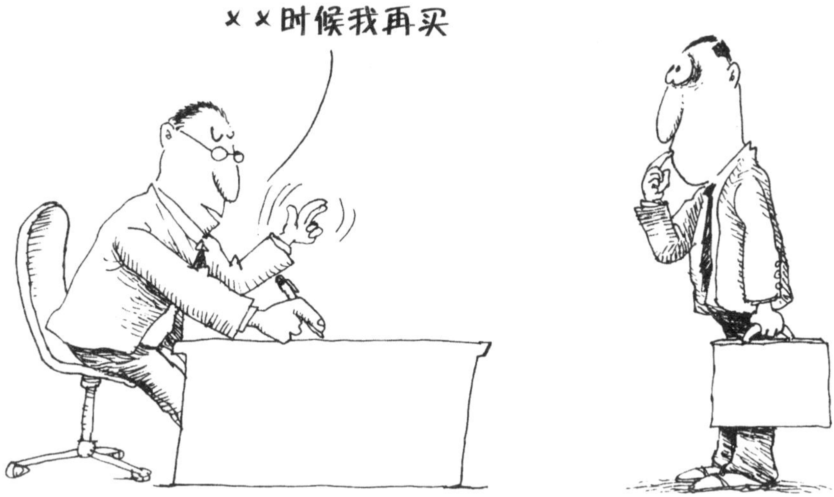

当然你要先知道是不是人家真的到时候就要买，如果是的话你还是能够让他现在就买的，如果不是的话你去讲完我这一套也是没用的。应对这个借口的方法有七个步骤：

第一个步骤，他如果说6个月后我再买，你就说 6 个月后你会买吗？如果他说会，那就表示你可以往第二步照做，如果他说不会，那就表示刚刚他跟你讲的是借口，自己把自己给推翻了。

第二个步骤，当他回答会后你就问他，现在买跟6个月后买有什么差别呢？如果他自己讲出一套差别，支支吾吾地听不出道理来，说明是借口。如果他真的讲出一些他自己的问题道理，没关系，只要你发现是合理的就往下，只要发现是不合理的你就直接去推翻他这个问题，证明他是借口。

于是你紧接着就要去问他第三句，到底真正的原因是什么，你还没有告诉我真话，显然你心里有些问题还没有告诉我。套出真相，去找出问题在哪里。

现在我们假设他真的是说出了一番道理了，第三个步骤，你知道现在买的好处吗？让他知道现在买有什么好处？你可以问他你知道现在买的好处吗，让他说出来，或者他说不出来你告诉他。

第四个步骤，你知道6个月后再买的坏处吗？让他知道拖到6个月后再买可能会有哪些坏处，可能会涨价，可能会缺货，可能会过时都可以。不管怎么样你要让他自己知道6个月后再买是有坏处的。

假如他说得出来的话，紧接着第五个步骤，计算现在买6个月后可以节省多少钱或多赚多少钱。你现在提早购买我这套产品，而不是6个月后再买我这套产品，这6个月，你可以节省多少或多赚多少钱，算出钱给他看。假如你算到第六个步骤顾客还无动于衷，表示他说6个月后再买是假话，是借口。正常如果他真的是6个月后要买的人，你讲完现在买能多赚多少钱，未来6个月会让你们少赚多少钱，他是会被打动的，所以大部分人会无动于衷的话，那表示大部分是借口，所以这些方法不但能解除抗拒，也能套出真相（如果是抗拒就解除，而是借口也要套出来），所以这些方法都是非常有效的。

第七个步骤，当然就是套出真相。

借口之七：我要问××人

顾客常常会说我要问我先生，我要问我太太，我要问我父母，我要问我小孩，我要问我老板，我要问朋友。

如果你的顾客说我要问××人怎么办？有以下七个步骤：

第一个步骤，××先生，如果不用问别人你自己就可以做决定的话，你会买吗？你的顾客如果说不会，那表示他不是要问别人，是他自己都不认可。那就要跳到套出真相的部分，去找出真正的原

因。顾客先生，听你这样讲，显然你还有其他的原因，请问到底你是什么原因，不肯跟我做生意？你要问出他真正不肯跟你买的原因。第一个步骤，××先生，如果不用问别人，你自己就可以做决定的话，你会买吗？他如果说会，那是因为要问别人，我是很认可你产品。

第二个步骤，换句话说你认可我的产品了？认可认可。没办法我不能买是因为我要问别人。他不断地告诉你，是别人的责任，我是认可了，对不起，我没有决定权要问别人。没关系，继续往下（我所设计的步骤，每一步骤都是扣得牢牢的，环环相扣，顾客不管怎么回答，不是套出真相就是继续往下让他成交）。

第三个步骤，那换句话说，你会向别人推荐我的产品吗？会。为什么第三步骤会说会？因为他前两句说他认可你产品了对不对？所以第三步骤他当然说会推荐你的产品了，如果说不会，那表示前两步骤是骗人的，推翻了。那怎么办？套出真相，不用往下。但如果说会，继续往下。换句话说你会向别人推荐我的产品啦，这句话一定要问，你需要他的保证，因为等一下你们要去见第三者，所以你中间先要让他承诺。某某先生，换句说话你会向别人推荐我的产品了，这是销售中重要的环节。每一次你都需要在中间、在前面先埋好伏笔。

第四个步骤：也许是多余的，但请允许我多问你几句，你对公司的产品品质还有问题吗？没有问题没有问题。对服务还有疑虑吗？没有没有没有。对价格还有疑虑吗？没有没有没有。你对我们公司还有别的问题吗？没有没有没有。你对我个人还有别的问题吗？没有没有没有。那你还有没有问题？没有没有没有。你要先确保他没问题了，你才能往下说第五步骤。

第五个步骤：太好了，我们什么时候可以跟你的太太见到面？为什么？因为假如他还有问题的话，跟别人见面也没用，他自己都不想买？他没问题的话就差要问太太了对不对？所以你已经排除所有的问题，只差要问太太了。他很认可你的产品，所以你们的工作就是一起去见他太太。你必须再对他太太做一次介绍跟说明，你不要期待他会回去帮你推销产品。很多人搞不懂说："好吧，你回去问你先生（问你太太），问完你老板问完你，要买跟我买。"他不会帮你推销产品的，因为你是专家，你是销售代表，你怎么可以期待他去帮你讲解？他不会，他没有受过训练他不懂。他只是一时听起来很有道理而已对不对？对。所以你必须跟他再去见一次，他要去要求那个做决策的那个人，然后你出面再去介绍一次，但是你要让他担保，因为前面他已经承诺过你了他认可你的产品，他会向别人推荐你的产品，的确他没有其他的产品服务质量价格公司任何问题。

第六个步骤，你与顾客见到某某人之后，再对某某人介绍一次产品。你们一起见到太太以后你要对他太太再次介绍一遍。

第七个步骤，让顾客在中间做担保与推荐。你要提醒陈先生："你说过你认可并且没有什么问题，你会向别人帮我推荐这个产品的。”也许你可以在见他太太之前先跟陈先生打好招呼，你也可以在他太太面前直接暗示他，“先生，好吧，陈先生换你向太太介绍一下，你多么认可这个产品了。陈太太，你先生真的是非常尊重你，他都非常认可这个产品了，但他仍然要问你，可见你在他心目中的地位。他非常地爱你，他决定要买这个产品，但他一定要请示你。”所以他太太一听完：“不用了，那你喜欢的话，你就买吧。”陈先生说没问题太太，这东西的确好。于是你就成交了。他会担保是因为前面他已经向你承诺了。前面为什么问那么多问题，都是埋伏笔。这七个步骤是世界最顶尖的解决这个问题的方法，再也没有比它更好的方法了。

借口之八：经济不景气

有很多顾客喜欢讲现在经济不景气，现在我们公司不景气我们业绩不好，我没钱，我们公司财务失景，诸如此类的话有可能是真

的，但很多都是借口。所以我们要学会如何把这个借口给排除掉，让他真正能成交。这个方法其实也很简单，如果顾客一说经济不景气，你就说："××先生，多年前我学到一个真理，当别人卖出的时候成功者买进，当别人买进的时候成功者卖出。最近有很多人说到市场不景气，但在我们公司绝不会让不景气困扰我。你知道为什么吗？因为今天有很多拥有财富的人都是在不景气的时候建立了他们的事业基础，他们看到了长期的机会，而不是短期的挑战，因为他们做出了购买的决定而获得了成功，当然他也一定愿意做出这样的决定。××先生，今天你有相同的机会，可以做出相同的决定，你愿意给自己一个机会吗？"

我有一个朋友，在"非典"的时候，很多人都事业倒闭了，但他反而投资一大笔钱，去租了1000平方米的房子当办公室。为什么？因为平时的价格，他永远也不可能用这么低的价格去租到。他逆向操作，在大家全部都统统收摊不干的时候，全部统统不敢出手投资的时候，他反而大量买进，他一口气签10年合约，并且是1000平方米房屋。在"非典"结束之后，他继续使用当初签下来的租金跟价格，而其他人却没有这个机会。当同一栋大楼的房屋价格越涨越高的时候，他却可以用最低的成本去建立他的事业基础。想想看这是不是真正的道理？对，这就是真理。你不要让顾客因为不景气而打退堂鼓，而找借口，这正是他的机会。你要去给顾客一个正确的判断，不要让他找借口。

借口之九：不跟陌生人做生意

有时候你会遇到这样的顾客，他对你说：我从来不在第一次见面的时候，就跟陌生人做生意。遇到这样的情况怎么办？

很简单：我知道你的意思，并且非常理解你的意思，你不跟陌生人做生意，对不对？

他说对。同时你知道吗，当我走进这扇门的时候，我们就已经不是陌生人了，你说是吗？并且继续开始做销售，不用再理会他刚刚的讲法。把人家的借口摆一边去，不要别人一说我从来不跟陌生人做销售你就害怕了。当然他如果拒人于千里之外，非要赶你走，那也没关系，你来个回马枪战术，套出真相，这在前面的章节里提到过。

借口之十：不买就是不买

很多顾客很顽固，经常会说不管你怎么说我都不买，不买就是不买，我不要跟你讲话我不想听，NO NO NO。

遇到这种情况最好的办法就是采取不要成交法。汤姆·霍普金斯、金克拉、乔·吉拉德、干道夫、原一平，世界上所有的销售冠军，他们都擅长用这个方法，来面对顽固不化的人：

“××先生，我相信在世界上有许多优秀的推销员，经常有很多理由向你推荐许多优秀的产品，可不是吗？”

“是啊。”

“而你当然可以向任何一位推销员说不，对不对？”

“对啊。”

“身为一个专业的销售代表，我的经验告诉我，没有一个人可以对我说不，他们只能对他自己说不，对自己的未来说不，对自己的健康说不，对自己未来的幸福说不，为自己未来的快乐说不。”

“不管这个地方你要讲什么都可以，只要讲一些与你的产品有关的那些好处，都可以。你再告诉她没有人可以拒绝你，而他们在拒绝他们自己，他们拒绝自己的未来、自己的健康，未来的幸福、未来的快乐、未来的财富、未来的成功都可以。而我怎么能够让顾客因为一点小小的问题而对他们自己说不呢？如果你是我，你忍心看着某某先生、某某太太因为一点小小的问题，而对他们自己的未来的保障和健康说不吗？你忍心吗？”

“不忍心。”

对，所以今天我也绝对不会让你们两个对我说不的。感觉你好像挺霸气，实际上是一种自信的表现，但这个话并不会引起别人太多反感，因为你说的是某某先生没有人可以对我说不，他在对他自己说不，这是真理，他拒绝他自己。而且你还问了一句如果你是我，这叫做互换立场，转换角色。如果你是我你怎么忍心看着某某先生、某某太太对他们自己说不，如果你用这个方法互换了立场，人家就不会觉得你给他很大的压力，而他们自己也会静下心想一想，对我怎么忍心看着我的朋友对自己说不，所以说我要帮他们的话，我应该是不能让他说不的，所以说你最后一句话说："所以说今天我也绝对不会让你说不的"，也就代表了你是为他们而着想，代表了你是关心他们的。你这种强势是出于爱的表现，乔·吉拉德说："成交一切都是为了爱。"

巧妙解除顾客的十大抗拒点

我们这一套销售教材，也许你已经感觉到了，是集合全世界所有不同的产品，不同的销售人员，他们所使用的销售问句当中，最有效的东西，把它结合在一起，列举了大量的案例，让你去大量地练习。有些适合你有些不适合你，不过没有关系，你总能在几千句话述当中，找出适合你的问句。其实各行各业的人都有销售上的问题，每个行业都需要销售技巧，每个人都是推销员，大量地在这些问句当中，去增加你的销售词汇，去增加你的问句功力，去增加你在顾客面前随机应变的反应能力吧。

现在让我们学一学在解除顾客抗拒的时候那些马上能够反问的方法，那些能够立刻化解顾客拒绝的方法。你掌握的这些话述越多，这些发问技巧越多，你越能够快速地克敌制胜，立刻能成交顾客。下面你会学到100多句发问的方法里面，你不需要全部背下来，只需要背下来两三句，你就已经可以在顾客面前有非常好的发问能力。**销售是用问的，销售的目的是为了成交，问对问题可以成交订单**。这100多句不可思议的、无懈可击的问句，会让你的销售生涯产生翻天覆地的变化，所以你应该要用什么样的态度呢？你应该渴望把这些话全部变成你自己的，你应该拿出兴奋度来练习，这每一句话照我给你的步骤一步一步地去做练习。这100多句话如果一天练一句，半年之内你就把我这套东西彻底地吃透了、彻底地消化了，你即将会变成你的行业中的世界级的销售冠军。

抗拒之一：价格太高

有哪些方法可以解决价格太高的抗拒？

第一个方法，比较法。人家嫌贵你一定要让他说得具体一点，因为贵是一种什么，是一种感觉，今天100块的东西算贵还是算便宜？有些人说太贵了，有些人说太便宜了，为什么？那是因为他的参照物不同，10块钱可以买到的东西，干吗花100块买当然太贵了。你是拿10块来比，10块钱的东西是劣质品，今天同样的东西在名牌店里面是1000块的，而今天我才卖100块，感觉怎么样？很便宜。为什么便宜或贵有两种不同的参照物，就有两种不同的感觉了呢？人的心就是这样子的，同样一块石头，有的人感觉非常大，而有的人感觉一点都不大，为什么？感觉大的人，是拿它和一块很小的石头放一起说的，感觉小的人，是拿它和一块比它大得多的石头放一起说的。事实上，价格贵和便宜也是比出来的，所以第一题要怎么解？要说您是拿我们的价格与什么比较的呢？

你只要问他这一句，你是拿我们跟什么比，问得好，你就可以知道怎么接着他答出来的答案去分析为什么你比他贵的原因了，而且也是用问的。我们的这套教材的目的本身不是一个教学而是一个工具，你只需要在任何时候大量地吸收我这里的问句，每天早上看个一小时再去做销售，也许你销售的时候，问句的能力就变得特别的好。

第二个方法，考虑价值。价格是应考虑，但你是否认为价值也同样重要呢？请让我向你讲一讲我们产品的价值。你先肯定对方价格是应该考虑，那价值是否也同样重要，让我来向你讲一讲我们产品的价值好吗？打算支付。他说太贵了，你马上反问你打算支付多少？

第三个方法，价格正是理由。他说太贵了，你说这个价格恰好是你应该购买这个产品最大的理由。他说为什么？你说其实你对这个价格的关心是完全合理的，因为它为什么高价，我们要来看看高价背后代表什么。于是你把对方的角度从看到价格高调到看到了价格高的背面代表品质高。

第四个方法，节省了相当多的钱。我听你说过你一定要保证你所买的产品是划算的是吗？是啊。其实使用我们的产品已经为你们公司节省了相当多的钱，请让我跟你讲一讲原因。

比方讲我销售给你我们这一套教材，你说太贵了。

我说："我听说过你一定要确保你所购买的每一样产品都是非常划算的是吗？"

"是啊。"

"其实购买我们这一套教材已经为您节省了相当多的钱，让我跟你讲一讲原因。你派一个销售人员来上我们的销售训练课，门票3000元。你们公司有多少名销售人员？"

"20名。"

"乘以3000是6万元。现在我把三天销售培训中的所有精华又能产生实效的部分，做成了这一套教材，贵公司如果买一套才几百元的话想想看，20个人都可以读到这套教材，如果贵公司将来有200人呢？也是这套教材。有2000人呢，同样是这套教材，你觉得省了多少钱还要我为你计算吗？就算你为20个人一人购买一套这个教材，1000乘以20是2万元，2万元跟6万元你知道差了多少吗，4万元。所以其实这一套教材1000元，它一点也不贵相当划算，你说是不是呢？”

以上是以销售教材举例示范，参照它去发展一套你公司的产品是如何帮对方省钱的方法，于是你就会发现这套教材对你产生真正的效果了。

第五个方法，挣回。什么叫挣回呢？也就是说你要务必正确地、精准地算出它投资的金额，分割到最后的、最小单位的有关数据。

假设你的产品别人嫌贵，你要先计算一下这个产品使用的年份，除以每一年多少钱之后呢，算出每月投资多少钱，然后呢除以每天投资多少钱，甚至除以每小时，他如果使用的时间越长的话最后算出来的金额是越低的。你要给他计算它事实上是很容易可以把这笔投资赚回来，并且还可以增加收入。算一算你们公司的产品使用的年份，投资的金额，算到最后精准的数据，然后找个搭挡，把这一段话互相练一遍。

第六个方法，最低价。你要这样说：“我可以向你提一个问题吗？”

“可以。”

“请问一下贵公司的产品是市场上最低价吗？”

假如他回答不是或者是不总是，那你就要说我们的产品也不是最低价，因为价格并不是顾客购买产品时候的唯一考虑的因素，你将得到的是这个产品带来的价值，是不是呢？

他说是。

“让我们谈一谈我们的产品能为你带来的价值吧。”

比方讲你的顾客说太贵了，你只需要反问他一句：“顾客先生，我想请问一下你的产品是市场上最低价吗？”

他说不是。

为什么呢？我们产品为什么是最低价？品质好、服务好、品牌好、价值好。你说所以我们的产品也不是市场上的最低价，因为价值同样对你来说也是很重要，你说不是吗？

这时候你等于就用反问他站到自己的立场来想一想，他卖的产品不是最低价，来让他联想到其实产品是值得的，所以这样也就解决了太贵了的问题。

第七个方法，质量最好。我们的价格并不便宜，同时质量也是市场上最好的。我们提供给你的某某产品，价格只比别人高百分之几，我们没有要到最高的价格，想到这一点我也很遗憾。

第八个方法，质量很贵钱。怎么说呢，我想你也同意质量很费钱这个看法，质量对你很重要，所以贵等于质量高。用这两句话也可以马上让他联想贵的优点。

第九个方法，你怎么会说这种话。他一说太贵了，你说你怎么会说这种话，理由是什么，为什么呢？你要很纳闷很好奇的，或者是他一说太贵了，我从来没有听到有人这样跟我讲。他一听觉得自己好像是异类，提的问题好像很幼稚似的，他一听好像别人都不觉得贵。只有他自己觉得贵，所以他自己也把这个问题给解决了。

第十个方法，如不用。他说太贵了。你说如果你不用我们的产品这可能给贵公司带来的什么后果，如果你没有学习我们这一套教材，这将让贵公司的业务员用最差的方法，每天讲错话，损失顾客损失利润，这即将在未来3年之内，为你们损失多少钱，这即将在未来5年之内让你损失多少钱。这叫做没有拥有这个产品所带来的后果，带来的代价。

第十一个方法，不算很高。我们的价格是高了点，但是你要是考虑到我们的套装产品，价格就不算很高了。

第十二个方法，价格低一点。他说太贵了，你说如果价格低一点，你会使用我们的某某产品吗？如果对方回答说是，你可以说好，你想使用我们的某某产品，现在让我们见面聊一聊，怎么样才能够让你用更低的价格，得到我们这一套产品。于是就约一个见面时间，好好地再证明你的产品物超所值，或者你能打折降价，或者套装产品。如果对方说不会，那就表示价格并不是他真正不买的原因，不是拒绝你的真正原因。你不需要再往下，而是要套出真相。

第十三个方法，感受和发现。他说太贵了。我知道你的感受，有时候我自己也是这么想的，你知道后来我发现了什么吗？或者是说我知道你的感受，以前我的某某客户陈先生他也是这么想，可是他后来用了这个产品不到三天之后，你知道他发现了什么吗？感受是要先同意对方的，我理解你的感受，某某人也这么觉得我也这么觉得，后来我们发现了什么什么。

第十四个方法，只是钱。只是钱的问题吗？也许你这样一问他说是，那就表示你可以在金钱上面去做解决。假如不是那表示这只是一个借口，应该运用解除借口的方法。

第十五个方法，唯一因素。这是不是使你为难的唯一因素呢？如果是的话那就针对这个问题解决，如果不是的话那就找真正的问题。

在解除抗拒的过程中，你经常需要使用到一个技巧，叫测试成交。你要试探一下，等一下如果你要求成交的话他会不会成交，所以用什么方法来试探呢？以下的方法你学会之后你就不容易遇到拒绝了，因为这些方法就算遇到拒绝，也不表示你被拒绝，只是表示试探成功了，他还没有打算要买，而试探成功了他打算要买的话，你的营销99.99%是可以签订单的。

现在我们来练习一下这些试探成交的话。

第十六个方法，解决定价问题。他一说太贵了，谢谢你肯跟我讲实话，要是我能解决定价的问题而让你满意的话，你是否今天会做决定呢？谢谢你说实话，要是我们能解决定价的问题而让你满意的话，你是否今天会与我合作呢？谢谢你的这个实话，要是今天我能解决定价问题让你满意的话，我是否有机会为你服务呢？诸如此类的问句，请练习。

第十七个方法，表明非常公道。要是我能表明这个价格是非常公道的，我们产品的价值与我们价格相比起来，性价比是非常高的，你是否今天就会同意使用我们的某某产品呢？要是我的课程确保它的性价比是最高的，你是否会选择来接受我的训练呢？要是这一套教材性价比是非常高的，你是否愿意投资这套教材呢？这样的说法你可以不断地演练，不断地换成各种不同的口语，来让你的测试成交的发问技巧达到炉火纯青的境界。

第十八个方法，多付值得。他说太贵了。

“你喜欢我们的产品吗？”

如果对方说是，那就表示是对钱有异议，那你可以往下问：“对于你真正喜欢的东西多付一点点钱，其实你是值得的，你是否赞成这样的说法？”

他如果说不，那表示不是钱的问题，是他本人还不喜欢这个产品，对该产品没兴趣，产品价值塑造不够，欲望没有打动，没有找到顾客的问题，各种原因都有可能，你要从中找到他真正的原因。

就是这样的一个问句，你要不断地把它挂在嘴边，常常地在顾客有异议的时候，能很自然轻松地问出来。

第十九个方法，质量关系到长久合作。价格只是一时的，效果却关系到长久合作。你愿意多花一点钱让你所买的产品达到最高程度，还是愿意少花一点钱，而使产品效果得不到保证呢？这一句话非常重要，这个问句问出来，我相信顾客的答案应该是很明显的。价钱只是暂时的，而效果却是一辈子的，你宁可多花一点钱得到最高的效果，让日子过好一点，还是少花一点钱而效果得不到保证。你现在多付一点钱，就同样产品的寿命周期来说，每天只是几分钱的事，然而要该花的钱你若是少花，那最终问题不但不会减少，反而会增多，到时候你的麻烦更大，你看这个是不是有道理？不愿意为效果而花一些钱，最终付出的代价会很昂贵，难道你不同意这样的看法吗？这段话太重要了，花三分钟时间，转换成你的用语练习背出来。

第二十个方法，价格和成本。“价格”和“成本”，是代表不同的意义。他说太贵了。你关心的是价格还是成本？他一定会很好奇。你要知道价格只是支付一次，就是在你购买的时候支付，但是在你拥有这个产品使用这个产品的期间，你最关心的就是用它的成本。你可以使价格降到最低，但你未必会使成本减少了。你给我的印象是一位非常关心成本的决策者，你认为有任何理由，让你的公司不去利用可以降低成本的好产品吗？价格是买它的时候付出的钱，成本是长期使用这个产品还仍然要继续付出的代价，有非常多的产品好像很便宜，用它的时候其实长期付出的成本更高，有非常多好产品价格很高，但是长期来讲能省更多成本，我相信你知道有些产品是这样的，如果你的产品符合这样的特色，就可以应用上面的方法进行营销。

第二十一个方法，胜人一筹。很高兴您对价格表示这么样的关注，因为这正是我们胜人一筹的地方。一个产品的价值在于它能为你做什么，而不在于你花了多少钱去拥有它，你说是不是？让我们来探讨一下，究竟我们的产品能给您带来什么利益，能为你带来什么好处。

第二十二个方法，今后一年。使用这种说法，首先你本人要非常有自信，而且要非常精通说服别人的艺术。我们的产品如果能达到你的要求，你今后一年里就不必再为价格伤神了，但要是你现在不投资这个费用，就可能要面临运转不下去的尴尬情况，最终你还是吃亏了。我们宁可让你放心用今天这个价格，向你提供真正有效果的产品，我们也不愿意在今后几年，为你的效益不良而再三跟你道歉，你说我说得有道理吗？我举个例讲，比方讲我对你提供一个企业的内部培训，或者是我们公司为你提供了一个销售培训的教材，或者是你来听我们的课程，你说太贵了。我说我们的课程，如果能真的达到你的要求，你未来一年里就不要再为你的业绩而伤神了，要是你不投资这个学费的话，你可能就要面临业绩不良的尴尬情况，最终你还是吃亏的。我们宁可让你现在用这个价格投资，来上我们的课程而真正放心，不要再担心业绩不良的问题，也不要让业绩不好，最终我们一再为你抱歉，我说的有道理吗？

第二十三个方法，好货不便宜。好货不便宜，便宜没好货。本公司有两个选择，一种选择是将产品设计得越简单越好，让它可以用最低的价格出售，另一种选择是真正做出有效果的产品，从长远来看你花的费用反而更少。

第二十四个方法，花钱买最好的。××先生，你不认为现在花钱买最好的东西比买最终证明是差劲的产品更加合算吗？

第二十五个方法，麻烦。他一说太贵了价格太高了，你可以讲，如果你认为我们的产品价格太高，那么由于你不用我们的产品而给你带来各式各样的问题、麻烦和更大的成本，你愿意为此付出代价吗？如果你认为购买我这一套教材，或者是来上我的培训课程价格太高了，那我想问你，你愿意为不会这些成交技巧，而付出更大的代价，损失更多的顾客，遇到更多的麻烦吗？答案当然是不愿意。

抗拒之二：不想买了

如果有些顾客说，我们真的不想买你的产品，我已经不想买你的产品了，他拒绝了你怎么办？遇到这种NO，你可以马上采取以下方法：

第一个方法，为什么。我能问问为什么吗？你一定要知道别人不买你的产品真正的原因，你才能根据那个原因去解决抗拒。

第二个方法，你的主意怎么改变了呢。你的主意怎么改变了呢？直接让他告诉你答案。

第三个方法，我什么地方做错了。是什么让你说出这样的话呢？显然我没有讲清楚我的意思，你能告诉我我做错了什么吗？当你无辜担心，去征求对方的意见跟态度，恳求他告诉你，你做错了什么，也许别人会告诉你他真正不买的原因。

第四个方法，不再关心。这一句话实际上是提醒对方，应该去注意那些值得注意的事情，而不要再去注意那些不值得注意的事情。试试看这一句：你对提高业绩已经不再关心了吗？你对提高利润已经不再关心了吗？你对提高士气已经不再关心了吗？提高利润提高士气提高业绩等等，都是他想要的，然而你反问他，难道你已经对提高利润不关心了吗，你就刺到他的痛处，所以刺到痛处之后，也许他就会重新思考，他是不是应该重新来做一个抉择，而不是一味地拒绝你。

第五个方法，今天还是永远。今天还是永远？今天我虽然不开心，但我愿意接受事实，如果是永远那我就非常不安了， 我的使命就是帮助贵公司完成你的目标，我一定要全力以赴地达成使命，是什么让我无法帮助你呢？

第六个方法，定有原因。××先生女士，看来你在这件事上决心很大，你这样讲必定是有原因的，如果你能向我讲讲原因我将十分感谢。当你这样问他以后，也许他会告诉你真正不买的原因。

抗拒之三：条件不允许

很多顾客会说条件不允许，我经济条件不允许，现在条件不允许，现在情况不允许，现在时机不允许。怎么办呢？

第一个方法，渡过难关。这正是我们商谈的大好时机，我们的产品设计，就是为了帮助你们这类公司渡过难关的。这正是我们商谈的大好时机，我们的课程正是为了帮助贵公司渡过难关而设计的。太好了，这正是我们商谈的大好时机。

第二个方法，改善处境。他如果一说条件不允许，我们这里情况不好，你就说，我们的产品刚好能够改善你们目前的处境。

第三个方法，迎接挑战。对方因为经济条件不允许等种种情况对你推托，你要说，我们的产品能帮助你迎接逆境，是向你提出的挑战，最要紧的是你必须在这种挑战中，证明自己是一个强者，对不对？这一句话你必须有自信地对他提出这样的问句，顾客很难回绝你。

第四个方法，市场份额。不使用我们的产品，可能会影响你们的市场份额的，让你们在市场的地位不但得不到加强，反而会削弱你们的业绩的，让我们采取行动来确保你的未来。

第五个方法，降低成本。经济条件不好更需要你想方设法降低成本和增加利润，这两方面我们都可以帮你办到，让我跟你谈一谈我们是怎么做到的好吗？就是因为他条件不好，他才应该要买你的产品。

抗拒之四：我不需要

有人会说目前我们还不需要该产品。怎么解除这一抗拒呢？

第一个方法，是什么原因。是什么原因使你不能选用一种更好的产品呢？是什么事情让你选用一种更好的产品呢？是什么让你无法选择一种更好的产品呢？问对方真正的原因。

第二个方法，感到意外。听到你说这个话我感到十分意外，请你跟我讲一讲原因好不好？你一定要问出原因，只是问出原因的各种问句和口语不同，用不同的方法来阐述同一个道理。

第三个方法，不很愉快。目前的情况下，是不是有什么事情使你不是很愉快？设想一下，要是我们的产品能够解决你的问题，那还是很值得考虑一下的，是不是？这一段话在他给你一个很尴尬的气氛，给你一个很不协调不愉快的气氛之下，来拒绝你的时候特别管用。

第四个方法，他们为什么改变决定。在我们今天的最佳客户中，有几家以前也是坚决不肯购买，那我跟你说一说，他们后来为什么改变了决定。比方要你报名参加我们的培训课程，那你可能会说我就是不报啊。那我说在我们今天几个最棒的学员当中，他们以前也是坚决不肯上我的课程，让我跟你讲一讲，后来他们为什么改变了决定。于是你再往下谈的过程中，就自然地可以解决他可能存在的一些拒绝的原因了。

第五个方法，谁需要。也许你不需要，你能介绍一下你们行业里，有谁需要我们的产品吗？比方讲我要求你购买我们这一套《绝对成交》的教材，我说能帮助你提升成交的能力，你说你不需要，因为你们公司根本没有销售人员。“好吧好吧，我知道你们不需要，那你能跟我介绍一下，你的行业里有谁需要这套教材吗？”问一个问题，你又得到了一个新顾客的名单了，打开一条新的路了。

第六个方法，他们向我说。他说我不需要，你要说，这是我第一次拜访客户的时候，每一个人都曾对我说的话，后来他都变成我最棒的客户了，你知道为什么吗？你要很骄傲地说。

第七个方法，给我们一次机会。你的语气要变得比较谦虚地说，从你的话中我听出了意思，你是说以前我们没有打过交道，所以你不用我们的产品是吗？你为什么不给我一次机会来证明我是值得的呢？很谦虚很和缓地，让他愿意给你一次机会。

第八个方法，优秀的公司。他说条件不允许不买如何如何，你说优秀的公司，总会想方设法来解决困境，以求力争第一的，你说是不是？有远见的公司绝对不会坐以待毙，你说是不是？让我向你讲一讲我们的产品，是怎样一步一步改善你们目前的市场地位的。

一般人很难对这样的问题提出抗议的。

第九个方法，向您表明。比方讲对方不买，他提出种种原因之后你说，我明白，为了让你改变主意我还需要向你表明什么呢？

第十个方法，哪个更重要。他说你的产品真的太贵了，怎么办？挑选产品时哪一点对你更重要？是价格低还是质量高？没有质量价格再低有什么用呢？

抗拒之五：有不愉快经历

他说我已经用过了，我不喜欢这个产品。怎么办？

第一个方法，向我说说。听起来你们以前好像对这种产品有过不愉快的经历是不是？你能向我说说吗？你要很同情地说话。

第二个方法，因噎废食。非常遗憾听到你这么说，我知道买了一样东西然后又后悔当初不应该买，那是很失望很难过的，但是我们总不能因为我们曾经有过不愉快的经历，就放弃不去追求这样的好处，就像在一家餐饮吃的食物不合胃口，就拒绝进另外一家，甚至任何一家餐厅吃饭一样，那不是因噎废食了吗？他曾经买过同样的产品感觉不好，他就说以前买过了但是不好，所以我不买你的产品了，他这是因噎废食的做法。你去过肯德基不好吃，难道麦当劳也不好吃吗？不对嘛。你不能因为吃过一个产品不好吃，就拒绝进任何一家餐厅。

第三个方法，根源在哪里。他如果说以前买过了，感觉不好，不用。造成这个问题的根源在哪里呢？是产品还是服务？是这家公司领导还是下属人员造成的呢？

第四个方法，我们不同。我想我们可不能把小麦当成韭菜了，我们所做的事与他们做过的事是完全不同的。让我给你讲一讲我们的产品是怎么样跟他们不一样，以及为什么比他们更好。

抗拒之六：好好考虑一下

还有很多顾客喜欢讲我们要好好考虑一下。这时候怎么办？

第一个方法，逗趣。你要说很好，而我们需要考虑些什么呢？这是一种逗趣的回答方法，你要逗乐一下，人家说我要好好考虑一下表示是在推托你，你要装傻：很好，我们现在需要考虑些什么呢？所以别人会觉得你这个人怎么那么好玩，还不知道我在打发你走，所以他也许就不会再找一些借口，不会再说推托之词了。

第二个方法，电话。对方如果还是说我要好好考虑一下，你可以给对方一些喘息的余地："好，等你们各位商量好之后，打电话给我，到时候我再来回答你们所有提出的问题，好吗？"

第三个方法，有道理。他说我要考虑考虑，你说这个话一定有道理，我希望弄清楚背后的原因是什么。你先肯定他，然后还是要顺着他的话肯定他完就马上要问出原因。

第四个方法，较小事。这对你来说是小事一桩，我们为什么不能马上做出决定，挪出时间去干别的事情，我也能立刻着手这个项目了。

第五个方法，更多的时间。你为什么还要用更多的时间来拖延这个决定呢？

第六个方法，阻碍。你能不能对我说出到底是什么原因阻碍你做出决定？

第七个方法，让我们想象。如果对方就是坚决因为条件不允许种种原因，而推托考虑考虑，这个方法引导对方将这个单纯的思考模式，变成一个具体的想象画面：我明白，我也能想象得出你们目前面临的种种问题，利润薄，新雇员多，士气低落，我说的对吗？我们的产品就是要帮助你们解决这个问题。现在就让我们一起想象一下：3个月后贵公司的老板打电话给你，说他看了财务报告，他打电话祝你再接再厉继续努力，因为他看到财务报告上面，你表现出来的获利目标，已经完全超越了当初你们所设计的目标了。你们的士气越来越高昂，你的单位是全集团第一名，这就是你所希望出现的那种情景，不是吗？你是否能得到你刚刚想象的这种情景，决定于你此刻采取的行动，让我们一起朝最后的方向努力，将可能变成真实。让客户想象好处，用想象的画面打动他，于是他开始愿意采取行动。

第八个方法，老大难问题。我理解你的苦衷，我也理解首先使我们联想到的那些老大难问题，利润少，士气低落，这些问题我们是应该记住，但是你想一想看，我们如果日复一日地面临这些问题，再也不解决，接下来会发生什么事情？你可不想继续发生这样的事情而永远不改变吧？如果你今天采取行动，你的员工、你的老板、你的同事，他们就会感谢你今天所做出的决定的，难道你不希望你的同事取得更大的成功吗？难道你不希望你的老板取得更大的成功吗（或者是难道你不希望你的员工取得更大的成功吗）？为什么不就在今天把这些想象变成真实呢？他们会感谢你的。

第九个方法，一起想。让我们一起将问题想清楚，你关心的到底是什么？你要表现出热情：那好我们想一些办法来提高产量和提高利润，这是很必要的也是很有道理的，我认为我们采取行动来达成目标也是非常重要的，让我们来谈一谈我们的产品，能帮到什么忙吧？他给你讲一大堆难题问题，你说那好，让我们想一些办法来解决这些难题吧。就表示你顺着别人所提出来的问题肯定对方，并且想要帮他解决问题。所以你就继续讲：我认为采取行动要解决问题的时刻到了，现在想一想我们的产品能为你帮上什么忙。

第十个方法，自责。我听到你刚刚这样说，其实你是告诉我我并没有向你说清楚，其实要是我说清楚的话，你就不会再这样犹豫跟考虑了，而会马上行动的。到底我要向你怎样的说你比较能够更清楚呢？请你告诉我更需要哪些信息好吗？你要自责，认为自己没说清楚。

第十一个方法，主要的关心。你主要关心的还有什么？你最关心的还有什么？你现在最关心的到底是什么？

第十二个方法，需要做。现在就向你出售我们的产品的话，我需要做哪些事情？顾客先生，现在你就买我们的产品的话，我需要做哪些事情？顾客先生，我需要怎么做，你才会现在买这个产品？顾客先生，我需要做哪些事，你现在就会购买？顾客先生，我要怎么做，你现在就会下定决心采取行动？请教顾客，让顾客来告诉你，你该做什么，顾客只要一回答这个问题，你照做不就成交了吗？所以这个方法是非常好的。

第十三个方法，再考虑。你要对顾客说：要做出正确的决策，你需要方方面面的事实做依据，为什么不让我们再用几分钟的时间，把事情周密地考虑一下呢？这表示你现在是被他拒绝了，但你不想就这样离开，所以你反而要求他再考虑考虑，花几分钟时间一起考虑。要做出正确的决策你需要方方面面的事实依据对不对？为什么不让我们再用几分钟时间把这个事情周密地考虑一下呢？所以首先我想问你几个问题，你就问顾客："你喜欢我们的产品吗？你想拥有我们的产品吗？你有足够的资金拥有我们的产品吗？你希望何时开始使用我们的产品呢？现在你还有什么要考虑的事情呢？"这样一直问，问到最后他会告诉你还担心什么，所以你找出真正的问题了。这样问到一半如果他说NO，不喜欢或者是没有资金或者是现在不想用，你也就知道他真正的问题点停在哪一个地方了。

抗拒之七：下次再说

还有些顾客会常常说我要等到下一次再说，我要等到以后再说。遇到这种顾客怎么办呢？

第一个方法，为什么推迟。你要很吃惊地说话，你为什么推迟做出一个这样重要的决定呢？让我们今天就把事情办妥吧。很直截了当地要求他现在下决定。很惊讶地问他你怎么会讲推迟呢？时机很重要，为什么你不想在此时此刻，做出一个最好的决定呢？为什么你不想在此时此刻抓住时机呢？

第二个方法，希望得到。这一段话是要你去强调犹豫不决的坏处：让我们看一看我到底能不能帮上一些忙，再等待你希望得到什么呢？也许你会损失点什么呢？我们来看一看，提醒他在等待的损失。

第三个方法，立即行动。我相信你是在任何情况愿意立即行动的那一种人，你还需要哪些咨询，来让你今天就下定决心行动拥有我们的产品呢？先恭维他再询问：我相信你是在任何情况需要的时候就会立刻行动的人，那你还需要哪些信息才能让你今天就下定决心采取行动呢？这样一问他又告诉你，你该怎么做他才会立刻行动了。这些问句都是非常棒的问句。

第四个方法，失去竞争优势。描绘损失的说服力有时候比描绘利益还要更大。我知道你还要用更多的时间来考虑，但是在考虑的同时，你在市场上要失去更多的竞争优势，这可能会让你付出更为昂贵的代价，为什么不现在就做决策呢？采取行动来加强你的市场竞争的优势吧。

第五个方法，治病。这一段话你要促使对方进入角色。前面我们曾经讲过什么叫情境成交法，就是要把顾客带入一个故事的角色当中。当你非常关心某个人需要治病的时候，你会尽早送这个人进医院对不对？推迟这个决定你可能会冒更大的风险对不对？现在我们也处于同样的境地，贵公司现在就需要我们的产品，让我们立即采取行动吧。用比喻法讲一个送人进医院的故事来让他知道你现在要求他立刻下决定，不能再等。

抗拒之八：效益不好或我没钱

很多顾客会说现在效益不好，很多顾客会说我没有钱，很多顾客会说现在公司经济情况不行，怎么办呢？

第一个方法，举例证。什么叫举例证？用他人失败来说明你的观点（但是要小心谨慎使用，弄不好别人以为你是威胁他）：我要告诉你，我们的一位顾客的情况，他在生意不好的时候，竟然不跟我们合作，结果从此之后那位顾客在行业中销声匿迹了，而他的竞争对手生意反而兴隆了。

第二个方法，增加。他如果说没钱，你要问，你希望增加利润吗？你希望有钱吗？他都会说希望，所以希望有钱，你就有一个机会让他采取行动来使用你的产品。

第三个方法，等待的代价。他说经济情况不好效益不好。这正是我们应该尽快见面的原因，再等待下去贵公司可能会付出更昂贵的代价。你不会有意，我肯定你不会有意让这种状况继续下去，让我们一起谈一谈，我们怎么样才可以改善这种情况。他说我们公司效益不好，这就是今天我出现在你面前的原因啊，我们赶快谈一谈，我怎么才能帮你扭转局面呢？你的产品正是帮他提升效益最好的解答方案。

第四个方法，积极行动。他说没钱，你说如果生意不景气，如果你没钱，那么你应该马上采取积极行动来提高产量，如果你没钱，你应该马上采取行动来提高业绩，如果因为没钱，你反而更应该采取行动来帮你赚多一点钱啊，让我们来谈一谈怎么帮你达成这个目标。就是没钱他才更需要拥有你的产品。

第五个方法，竞争的打算。你认为你的竞争对手如果处在这种情况下，他会做出怎样的反应？他们绝对不会损害自己的能力。让我们探讨一下你为什么现在就应当取得我们的产品。让他互换角色，假如他是竞争对手他会怎么做。他说效益不好太好了。效益不好是吧我想问你，你想想你的竞争对手在面临这种情况之下，他会做出什么决定？他绝对不会让自己继续效益不好你说是不是？让我们探讨一下怎么样来利用我们的产品提升你的效益。

抗拒之九：还没做好购买准备

还有些顾客会说：我还没有做好购买的准备。怎么办？

第一个方法，何时做出决定。就直接问他你认为何时你能做出决定呢，你这样追问下去就会有结果的，发问发问再发问。

第二个方法，关键因素。你做决定时考虑的关键因素到底有哪些呢？让他告诉你他做决定要考虑什么，你才可以依照他的关键因素再次打动他。

第三个方法，需要发生。这也是一种非常棒的成交促进的方法。顾客先生，需要发生什么情况，才能让你有理由做出现在就购买的决定？让他告诉你假如怎样我就能买，这样的问话逻辑万变不离其宗，只要问就能得到好答案，好答案出来就能成交。

第四个方法，欣赏话直说。什么叫欣赏话直说呢？他说一些拒绝你的原因，比方讲现在不打算买。我很理解并且很欣赏你有话直说的态度，促使你这样说的原因是什么？先肯定他表扬他，再问他为什么他会这样说。

抗拒之十：不感兴趣

有些顾客说我不感兴趣，有以下方法可以解除这一抗拒：

第一个方法，也是这些话。什么叫也是这些话？你要很有把握地说，我们有很多忠诚的顾客，刚开始也是与我们说这些话，但是我在说完我们的产品之后，有助于帮他们达成非常多的目标的，他们就马上感觉到的确有兴趣了，现在我们就想让你了解一下这方面的情况。你让顾客知道很多你的忠诚顾客原来也是说过这种话拒绝你，但是在你跟他们介绍完产品之后，他们发现能达成非常多目标，得到某些好处，于是他们就马上感兴趣了，于是你就把顾客说他不感兴趣的话立刻给回旋回来继续跟他往下讲。

第二个方法，公司的利益。他说他不感兴趣你要很吃惊地说，啊怎么会呢？你总不会连贵公司的利益都不关心了吧？ 他说他不感兴趣，啊不会吧，你总不会连家人的利益你都不关心了吧？你的产品能带给他什么好处，他不会对那个好处不感兴趣的。你销售的不是产品，而是产品带来的好处。

第三个方法，什么使你感兴趣？他说不感兴趣，你说节省金钱你感兴趣吧，提高业绩你感兴趣吧，扫除麻烦你感兴趣吧，如果你对这几个问题的回答是YES，那么你需要了解一下我们的产品是怎么帮助你的。节约金钱你感兴趣吧，提高利润你感兴趣吧，减少麻烦你感兴趣吧，如果你的回答是YES，那就让我们来了解一下我是怎么样帮你达到这样的结果。

第四个方法，怎么会不感兴趣？节省金钱和节省时间，你怎么会不感兴趣呢？能做到这两点会使你的生意更加兴隆的。他说他不感兴趣，是因为对产品，你要让他知道产品能帮他省钱还是省时间他怎么会不感兴趣呢？

第五个方法，今天没有兴趣。你首先要说你理解对方，但是还是要表示你不完全明白：怎么说呢，如果你说你今天不感兴趣我理解，要是你说你永远不感兴趣，那我就不完全明白了。我认为你做生意要的是利润和销售量吧，如果没错的话你怎么会不感兴趣呢？

第六个方法，如果我讲清楚。如果你真的不感兴趣我的确感到很遗憾，我一定没有把自己的意思讲清楚，如果我清楚地介绍了我们的产品能够通过什么方式帮你达成贵公司的目标，你就会感兴趣了。是什么事情我没讲清楚呢？你一定要问他：是什么事情我没有讲清楚呢？

第七个方法，如果我不讲清楚。他说他不感兴趣，你说我理解，不给你讲清楚我们的产品是怎么帮你提高利润和改善你们的情况的，我也不认为你会感兴趣。我只要15分钟时间就能说清楚我们是怎么帮你得到你要的结果的，我们约在几月几号见面，还是约在几月几号见面比较合适呢？

第八个方法，考虑贵公司。我可以请你花一点时间考虑一下贵公司的利益吗？讲完这句话以后停顿一下：我相信我们的产品有助于提高你们的利润，让我们一起探讨一下我们是如何提高利润的。

第九个方法，从未听到过。他说他不感兴趣你还可以说：从未听到过。我从未听到过这种话，你能说明一下你为什么对提高利润不感兴趣吗？我认为我问的可是一个关键的问题。

第十个方法，使我吃惊。听到你的说法我很吃惊，因为我们的产品有这么多的优点，而你却不感兴趣，不过我敢肯定你不感兴趣一定有道理的，你能说给我听听看为什么吗？问他为什么不感兴趣的原因，有助于你查出真正不买的原因。

第十一个方法，有充分的理由。我敢肯定你说这个话肯定有充分的理由，请告诉我一下好吗？

抗拒之十一：寄资料或E-mail

很多人会对你说，你把资料寄给我，你把E-mail发给我，如果看看资料或E-mail就可以成交的话，就不要销售人员了，所以你不要以为即使要发E-mail就可以成交。那么用什么方法解除这一抗拒呢？

第一个方法，见面就更快。要是我的话，我也希望把资料寄给你就能说明白所有的事情，但见一面能让你正确地评估我们的产品是否对你有利，我们可不可以安排见面时间，是几月几号呢，还是几月几号比较方便呢？要是我，我也愿意把资料寄给你就能说清楚我想说的事情，但见一面能让你用正确的评估，来看看我们的产品是否能帮助你得到利益，我们看安排几号还是几号呢？

第二个方法，有兴趣或无兴趣。你要用权威的语气讲话：每当有人让我寄资料而不是当面商谈时，我发现有两种可能，一种是这个人有兴趣，要了解我所提供的资料，并且不断地希望得到更多的信息。第二种是这个人根本没兴趣，要我寄资料只是借口。正因为如此我不想浪费你的时间，我无论如何希望你告诉我，你属于哪一种情况，你不介意吧？如果是他说没兴趣，你就说我相信你没兴趣一定有你的道理，你能让我知道为什么吗？你看万变不离其宗，依然是要得到他没兴趣的原因。

第三个方法，对双方都不妥。他说寄资料，你说，书面资料给人带来的疑问比当面回答还更多，我知道你的时间非常宝贵，只要15分钟，我就可以说明我们的产品能给你带来什么好处，我们几月几号还是几月几号见一面呢？寄资料对我们双方都不妥，看了书面资料可能会引发一些问题，而我可以非常容易地回答这些问题，只要我们面对面谈15分钟，你就可以非常清楚我们的产品有哪些优点，哪一天对你方便，5号还是6号？

这一课的最后部分将给读者提供10个问句的测试题。你要看看你每次在销售的时候有没有用到这10个问句，用到多少次，如果你每次都有用到，请确认这一题你得到了10分。而这10题你都没有用到的话，那么你的销售可能实在是有待加强，所以如果你学完这10个问句之后，每次在销售的时候都要去问这样的问题，因为它可以帮你调查顾客的购买意向。

以下就是这10个测试成交的问句：

1. 如果我能向你说明，我们的产品能帮贵公司得到更多的利益，你就会想要使用这个产品，我的想法对吧？（这是测试他现在是否有意向要购买你的产品的一个很好的问题。）

2. 你是否考虑过，在下一年年度提高贵公司的产量或是利润是很重要的？（你是否有考虑过在下一年度如何如何如何是很重要的，这一题可以确定他的需求。读者一定已经发现我在教材当中不断地在谈到提高利润、提高产量、提高士气，为什么？因为世界上最好卖的其实是钱。每个人都想赚到更多的钱，只要你能让顾客知道他今天所投入的钱，明天会为他带来更大的回报，那每个人都会想投入的。你不管是销售什么产品，你多多地去帮顾客计算，拥有这个产品能为他带来的回报，我在这里强调的这些利益好处利润也许并不适用于某些产品，没关系，你要会转换这一题，你可以说：你是否考虑过，在下一年度提高你的什么什么什么是很重要的呢？你是否想过，在将来让你的皮肤变美丽很重要？你是否想过，让你的员工变得素质更高很重要？由此都可以把这个测试的问句问出去。）

3. 你想要购买（或使用、学习等）我们的什么什么已经有多久了？（你想要购买我们的产品已经有多久了？或者是你想要上我们的课已经有多久了？你想要学这套销售等于收入已经有多久了？你想要接受我这个××服务已经有多久了？这些话要常常问他，不管回答多久对你都是有好处的，哪怕他说我没想过，没关系，只是证明他现在意愿很低而已。）

4. 除了你之外贵公司还有谁要一起做决定？（除了你之外贵公司还有谁能拍板？除了你之外，还有谁要对这个产品一起来做出决定呢？这一句话你一定要每次销售都要常常问出来，因为它能帮你判断出顾客是否有决定权。）

5. 买和不买的决定是怎么做出的呢？（你要常常问这句话，了解对方做决定的方式。）

6. 要做出决策你打算还要用多长时间？（你可以借此了解他到底要考虑多久，你才能接近成交。）

7. 为了得到你的同意我还需要做什么呢？要得到其他人同意我又需要做什么呢？（直接问叫他教你你该怎么做他才会同意你，这句话每次都应该常常问。）

8. 如果你已经得到授权，你认为你理想的产品是什么？（比方讲他说他没有决策权，你就问他如果您已经有决策权的话，你认为你要买的产品是什么样子的产品？假如你有权购买，假如你想购买，假如你愿意购买，你跟我讲一讲你要买的产品是什么样子的？学会这样的问句模式，有助于你在销售的时候能问出顾客心目中真正的需求。）

9. 为什么你到现在还不开个价呢？是什么原因使你现在还不能购买呢？（了解到他现在到底还有什么原因，如果了解到原因针对原因去解决，如果不了解原因他也会开个价了。是什么原因使你现在还不能使用我们的产品呢？是什么原因使你还没有来上杜老师的销售等于收入这个成交课程呢？让他说出他真正不买的原因。）

10. 我们的产品的主要优点是：一什么什么，二什么什么，三什么什么，你最感兴趣的是哪一点呢？为什么呢？（这些问题都在销售的时候要常常问出来，这些语法你都要把它学会套入使用你产品的优点里面。）

以上这些话你都要常常问，你有没有常常问呢？有问的话给自己打10分，没问的话打0分，如果偶尔有问就打5分。这些都是关键的问句，每次销售必然要用到。

前面我们学习了条件不允许，没钱，经济不景气，效益不好，考虑考虑，你在浪费你的时间，我不打算购买，种种的这些反对意见的一个甚至一个以上的响应的问句。这些响应的问句死记硬背也可以，但是在顾客面前你一定要说得比较灵活。死记硬背可以使你储存很多这样的语术，所以在顾客面前，你就能够随时调出任何一句来用，甚至你会发现你能创造更多。因为大量的案例、大量的这些话术，能让你搞懂这背后的原理原来是相通的，是一样的。

我不断地在教你销售，就是希望能提高你的收入，如果你是一个企业主，如果你是一个销售人员，如果你是销售部培训经理的话，我的目标就是要让你们有一套完整的销售方案，能在顾客面前兵来将挡水来土淹，这套教材相信能让你发展出你公司更多更好的销售话述、脚本和问句模式。

第七章 卖向巅峰的成交绝技

成交的关键：要求

成交其实很简单，记住这一句话：只要我要求终究会得到。要求就是成交的关键。大多数人在结束销售的时候根本不敢要求，你想想看你做销售的时候每一次都有要求吗？没有。我要求你每一次销售结束的时候都必须要求顾客成交。每一次，要求一次还不行，还要第二次。他说NO还不行。还要第三次。他一定会说NO的，我跟你保证。你还要有第四次第五次以后才有可能拿到生意。

有一次，有一个小学同学来跟亨利·福特卖保险，他小学同学跟他讲完了以后他没有买，他下个礼拜又来了他又没有买，他下个礼拜又来了他又没有买，就这样他连续两年每个礼拜都拜访亨利·福特，可是亨利·福特每个礼拜都没有买。两年之后，亨利·福特又遇到他小学同学来了，他说我买了。买了？跟谁买的？昨天有一个业务员卖保险，一来我就跟他买了。我跟你介绍两年了，我是你小学同学，你凭什么不跟我买跟别人买？因为他一来就问我，亨利·福特先生你认同保险吗？你有保险了吗？今天你要跟我买多少钱的保险请下订单付钱好吗？而你跟我谈了两年，每一次跟我介绍保险的意义保险的精髓保险的含义，你讲得那么好，但你从来没有要求我跟你买保险过。他的小学同学从不开口要求的结果是两年白做功夫，要求要求再要求。让我们来你分析一个报告，63%的人在结束的时候不敢要求，46%的人在结束的时候要求一次，但是他放弃了，24%的人敢要求两次，之后还是放弃，14%的人在要求三次之后放弃了，但是有12%的人要求四次之后放弃。所有的销售有60%的交易，是在五次之后成交的。所有的交易有60%的是要求在五次之后成交的，只有4%的人能够成交那60%的生意，其他96%都是在四次之内放弃了。

如果你放弃要求结果，顾客拒绝了你一次二次三次你放弃，下一个推销员来了可能要求两次就成交了。因为前三次顾客拒绝了你，但是他听了三次了。人就是这样被要求了三次以后，慢慢接近YES了，但是你放弃了，于是你为下一个销售员铺垫了。

成交大师的三大信念

要如何才能有强烈的成交信念?

我白手起家，月收入超过7位数字，在27岁的时候能财务自由，完全是因为我擅长这三大信念，把我丢到全中国任何一个角落，拿走我的事业，拿走我的财产，拿走我的房子，拿走我的车子，但你只要让我遇到人，就可以在半年之内白手起家，再次成为月收入超过百万的人，一年之内成为千万富翁，两年之内成为亿万富翁。

为什么我有这样的自信?或者是太自夸了?但是我要告诉你的是我擅长成交。多年前，我跟全世界最伟大的销售大师学会了成交，而我成交并不是有很强烈的能力，只是因为我有很强烈的信念。请你相信，你真的要相信：**第一句话，我深信成交一切都是为了爱，**我真心相信我要我的顾客来上我的课程是我爱他，因为我当年去借钱，再借钱，再借钱，来上世界大师的培训课程。十多年前到处借钱的小伙子今天得到了财务的自由，我太相信让你来上课是因为我想关心你，我想帮助你，我想爱你的表现。成交一切都是为了爱，你也是。你要你的顾客跟你买产品，只要你是爱他的，就叫他买产品，是帮他，是为他好，你要他买东西是帮助他你相信吗?成交一切都是为了爱。

第二个我相信：每一个顾客都很乐意购买我的产品。我真正相信每一个人都想上我的《绝对成交》课程，上我的《赚钱机器》课程，我真的相信每一个人都想听我演讲，都想买我的书籍，看我的光盘，为什么？因为没有人不想赚钱，每一个顾客都很乐意买，你不去要求，别人想买也没有机会付钱给你。有多少人想付钱给你，你知道吗？他们想付钱给你但是你不敢要求，你错失了多少机会你知道吗？

你要相信每一个人都很乐意购买你的产品。**第三个我相信：顾客口袋里的钱是我的，我的产品是他的，达不成交易我决不离开。**

你是不是觉得很好笑？但是你真的要这样的说服你自己，顾客口袋里的钱是我的，我的产品是他的，我怎么可以把我的钱放在别人那里，怎么可以把别人的货放在我这里，达不成交易我决不离开，这种坚定的信念会让你不断地要求，会让你得到你所想要的，有要求就会成交。接下来我要分享给你成交的艺术。

成交的艺术是发问的艺术

成交的艺术是什么？是发问的艺术。在成交前你要问，成交时你要问，成交后你还得问。不断地问，要求，并不是死皮赖脸叫别人买东西，拜托别人买东西。你要总是不断地发一个问题，再发一个问题，你发的是好问题。他回答出好答案你们就成交了。在成交前先问一些容易回答的问题：

陈小姐，你的“陈”是这样写吧，那你的名字是怎么说？

这样子是吧，今天星期几？

先问这些容易回答的问题，是一些条件反射的问题，成交时问他无法说NO的问题。在这里我要和你分享让顾客无法说NO的方法。

第一个方法，假设成交法。曾经有一次，我在香港要登记的时候，逛了一下香港机场的购物广场，发生了一件事。我逛逛逛逛到了一个卖西服的店，我走到这个卖西服店里面去看的时候，售货小姐看到我走进来了之后，她第一句问我的问题是：“先生你要穿休闲的，还是正式的西服款式？”

我说：“看看。”

她说：“先生随便看。我看你都在看正式的西服，你喜欢黑色、蓝色还是灰色？”

她的问题，是让我回答，三个任何一个可能都会成交，黑色、蓝色、灰色可能都会成交。

但是我没回答，我说：“看看。”

她说：“先生随便看。我看你都在看蓝色的西服，请问一下先生你喜欢双排扣还是单排扣，我替你去拿来试一试。”

我说：“看看。”她问的问题只要我回答双排扣还是单排扣，几乎都是接近成交。高手。

她说：“先生你做什么行业的？”

“我是职业演说家、职业作家。”

“先生，难怪你都在看蓝色的西服，特别有眼光，权威人士、专业人士最适合穿蓝色西服。这样先生，我们有一套特别适合你，是两粒扣子的，非常适合你的尺码，但不知道有没有。我去找一下。”

试穿没关系不要紧，她不用问我问题直接去行动了。你看她动作，她在进去的时候回头来一句：“先生，我忘了问你你穿几码的？”

我说：“48。”

“哦。”

进去了。最后一句48我回答了，回答这句话代表什么？

“48找到了，来，真适合，你里面试穿一下，裁缝师来了，等一下我们给裁缝师去裁缝一下。”

“先生，试好了没有？快出来。”

穿着西服出来以后，“先生，站好我帮你量一下裤长。到鞋跟，可以吗？”

“哦。”

她马上拿粉笔在鞋跟上面的西裤脚上面画了一道：“先生，袖长我量一下，到这边可以吗？”

“哦。”

画了一下。

“腰围这样可以吗？你站直。”

“哦。”

“这样可以吗？”

“可以。”

互动起来了。

“肩膀这样可以吗？”画了一下全身，你现在穿这一套用你尺码画一身粉笔灰的标记的新西服，这时候你要说不买，你觉得容不容易？当然不容易了。她说：“先生，快去那边换下来吧，裁缝师等你了。”

“多少钱？”

从看看已经变成多少钱了，这叫什么？这叫洗脑。洗什么脑？不是洗我的脑，是洗她自己的脑。她坚信我是要买的人她才会问出这些问句来，你穿喜欢蓝色、黑色还是灰色？你要休闲还是正式？你要双排还是单排？你试试。让裁缝来。她洗自己脑，她这样自己坚信我是要买的人，她才会跟我这样讲话。所以我才会有这样的思维改变，配合她的想法去回答问题了。她洗自己脑就是洗别人脑，说服自己的人就能说服别人，因为她有成交信念。

然后我说：“便宜一点吧。”

她说：“4800不能便宜了，除非你有会员卡。”

“会员卡我没有，可是你让我用用别的会员卡，你帮我借一张行吗？”

“实在不行。”

“帮我借一张嘛。”

“先生，下次来你要帮我再买一些产品。”

“好，你放心。”

“好，先生，我帮你打个折，一共3000多块。先生，你要开发票吗？”（帮我开单了。）

她说：“先生，裁缝来了，你快去缴款台缴款。”

我付款回来后，裁缝拿到缴款凭证才开始缝下去。一切的动作都让我觉得是那么样的自然，顺理成章，当我拿着西服走的时候她说：“先生，你还要不要再看休闲西装的？”我说：“不用了，我走了。”我走了之后，奇怪我怎么买西服了，奇怪我怎么花3000多块买西服了。到底怎么搞的我想不通。

上飞机了，在飞机上还在想。不对。这不就是我在教别人的绝对成交吗？她不就是用我教的绝对成交在成交我吗？这简直太有效了太棒了。她问的每一个问题都是我无法说NO的问题，我只要回答她了，她就不断地成交，成交，成交，YES YES YES，假设成交法，隐藏的同意，你用不着请示你的客户你要不要买，你只要假想他正在买就可以了。所以你会问他你要黑色、蓝色、黄色，你要不要发票，你家住几楼我替你送货，他只要回答你任何一个问题就表示这个交易是要的。谈完合约我不喜欢问对方我们可以签合约了吗？

我谈完合约只喜欢伸出手来，当他一跟我握手我就说合作愉快，他说合作愉快，所以表示这个合约已经谈定了。我就只需要问他是跟他会计还是跟他的助理清款。通常他说，你跟我助理吧，就成交了。我用不着请示他我们能不能做生意，我们能不能成交，你愿不愿意跟我买东西，那都是不对的。这并不是一个非常好的方法，而是一种好的思想，他深信我会买东西他才会有这样的对话。先假设成交，你改变思维你才会改变问话技巧，问话技巧改变你才会让客户的回答也跟着改变，说服自己的人才能说服别人。

第二个方法，假设成交加续问法。“先生，这一批货一共8000块，你要10箱是8万。对了，顺便问你一下，送货地址是送到您公司还是您家里？”不管他回答公司，还是家里都表示前面销售8万块的主要决议已经确认了。“先生，你要的这一批货是3562块，对了，忘了问你说明书你要一式两份还是一式一份？”不管他回答一式一份还是一式两份，都表示这个3562块成交了。假设成交就是讲出一个主要的成交决定然后再继续接着说话，问一些成交之后才会问的问题，这个方法绝对有效。如果你想追到你梦中情人的话，你试试看。比方讲女士读者你在恋爱两三年之后很想结婚，但是你有点焦躁不安，不知道他会不会娶你。有一天你们逛街你就可以问他：“小强，你看看那对小孩一男一女真可爱，将来婚后我们是生男生还是生女生？”都没有说要娶你，但你先问他婚后我们是生男生，还是生女生，他不管回答生男生还是生女生都表示他承诺了要娶你了。逛到公园你再看到一家婚纱影楼你说："将来我们结婚是拍中式的结婚照还是西式的？"他说都可以。不管他回答中式西式还是都可以，都表示你们是要结婚。接下来你再问他什么时候去家里看我爸妈，还是先去你家里看你爸妈，不管什么时候，他回答完都表示要娶你了。你不要问他你要不要娶我，你只是要假设他就是要娶你的人就可以了。**这叫隐藏的同意**。假设已经成交了，会谈什么话题会问什么问题，你只需要去问成交之后才会问的问题就可以了。

第三个方法，分解决定成交。什么叫分解决定成交？

"你要进口车还是国产车？"

"国产的。"

"你要红色还是白色？"

"红色。"

"你要四门的还是双门的？"

"四门的。"

"你要有天窗还是没天窗？"

"有天窗。"

"你要绒布椅还是皮椅？"

"绒布椅。"

"你要里面有CD音响还是没有CD音响？"

"有CD音响的。"

"你要分期还款还是一次付清？"

"分期付款。"

"你分5年还是3年？"

"3年。"

"让我来重复一下，你要的是这款品牌，红色的，有天窗的，米色的内装得有CD音响的，你要分3年的付清对不对？国产的对吧？好，我去帮你找一部这样的车。

“恭喜你，你要的车还剩下两台，现在有一台正在我们的仓库里面，你是今天先付大定还是小定？”

就这样，你不需要请示顾客做一个大决定，你只需要问他很多小决定，人很难一时做一个大决定，但人可以做出很多的小决定。一个小决定一次一次的做，加起来就是一个大决定。每一个小决定加起来就等于是一个大决定。问颜色问款式问付款方法，加起来等于是要买一台车了。

第四个方法，三选一成交法。

“这个钻石一个3万块，这一个1.5万，这一个才4000，你要哪一款？”

通常你摆三个价位，对方都会选中间的，但不是绝对。为什么？因为他觉得买太便宜的掉价，买太贵的有点露富，有点太贵，有点舍不得，所以都会选中间的。你想卖他什么价位的你就把那个价位摆中间，然后前后摆两个让他选，通常都会选中间的，这叫做三选一成交法。

第五个方法，小狗成交法。有一天，有一个爸爸带着他的孩子在逛街，逛到家附近的时候有一个宠物店，孩子就蹲下来在橱窗看着一只又一只的小狗，爸爸说不准买那么贵。

“爸，不买就不买，我看一看还不行啊。”

于是主人跑出来说：“孩子，喜欢吗？”

“老板老板老板，我说了不给他买，你别引诱他。”

“无所谓嘛，这位大哥，不买给孩子免费抱一抱。”

于是孩子就抱一抱。

“喜欢它吗？”

“好喜欢。它叫什么名字？”

“你给它取个名字好吗？”

“真的？可以给他取名字吗？”

“可以呀。叫它小白行吗？”

“好啊。”

“你真的那么喜欢的话，叔叔也挺喜欢小孩子的，叔叔借你带回家养好不好？”

“爸爸，叔叔真好，他说不要钱借我回家养一个礼拜。”

他老爸说：“老板，我真的不会买你知道吧。”

“不买就不买，没关系，小孩喜欢就给小孩带回家养一养，把你身份证复印一下，我去你家看一看你家住哪里，一个礼拜后还给我就好了，孩子喜欢嘛。”

于是，他爸爸就说：“好啊，那你借我儿子养一个礼拜，我到时候再还你吧。”

孩子说：“太棒了！爸爸万岁！”

于是就把小狗带回家了。替小狗洗澡，修剪它的狗毛，跟小狗睡觉，喂小狗吃饭，带去学校展现你的小狗啊，带同学来到家里面看小狗，弄了一个礼拜了，还约好了等一下另外一群同学要来家里面比赛看谁的小狗漂亮。结果突然之间星期天的下午有人按电铃，孩子跑去开门，谁啊。一看谁来了。

“你来干什么？”卖狗的老板说：“小弟弟还记得吗？我说借你养一个礼拜，时间到了。”

“不行。”

“小弟弟没关系，叫爸爸出来。”

“爸，你快出来。”

于是爸跑出来。“谁啊？”

“这位先生，我们说过借你的狗要养一个礼拜，现在一个礼拜时间已经到了，这个狗你要吗？”

“我跟你说过不要的。”

“不要没事不要没事，小白，来。”把狗一抱起来。

孩子说：“不行，那是我的小白。”

“孩子没办法，爸爸说不买的。”

“不行，爸你救我，等一下我要拿小白跟人家比赛，爸那是我的命根子，我宁可3个月不要零用钱，我下学期一定考第一名，你相信我，我一定要。”

他爸一看：“老板多少钱？899块。”

“这么贵。”

“没事没事，不喜欢的话我带走，小白走。”

“爸，不贵不贵，拜托你我给你磕头了。”

他爸一看：“好吧，好吧，磕头都来了，899，点钞票，拿去900块不要找了。”

他爸真不想买但也得买，因为他孩子已经养习惯了。所以我们称这种销售模式叫小狗成交法。卖复印机可以先给企业用，企业不要付钱，用3个月你再去跟他收钱他通常不会想退，因为人由简入奢易由奢入简很难。没有复印机的年代他拿到外面复印无所谓，他用了3个月了他享受过那种轻松便利的感觉了，你让他没有他不习惯，他就得付钱买。有一个人卖我电脑，当时是1996年在东北的时候，我刚创业我们公司里面没有电脑。我说电脑我不买。他说我们同学是卖电脑的无所谓，免费拿来这边用。好，用。拿了两台。我说：“没有打电脑的人怎么办？我同学派两个人来帮你们打电脑。一个月工资才500块，我说好便宜。”他们就打了一大堆资料，我给他们一大堆好东西打，用了差不多有两个月，两个月后，同学说要来把电脑收走了。

“老板，我们要不要买？”

我一想刚刚早上还给了一大堆资料打，没有打完现在太不方便了，“好吧，多少钱也付钱了。”也叫小狗成交法。你的很多东西可以先给别人试用，别人用上瘾之后他就买了，而你没有给人家先试用之前，他因为还没有试用过他要买的几率也变小了。

第六个方法，叫做反问成交法。

有一天，别人问你说："老板，你们这个衣服有没有红色的？"

你要问他："你要红色的吗。"她如果说是，成交了。红色拿来。"老板，你们能送货吗？你要送到哪里？"你一说地址不就成交了吗？

"老板你们有没有大号的？"

"你穿几号？"很多人不懂这个方法。

"有红色的吗？"

"有啊，有啊，有啊，红色的有这么多我比较比较，好比较比较拿出来看一看。"

"能不能便宜一点？"

"不行。"

"那我考虑考虑走了。"

你回答了也没卖掉。送货吗？能，当然能送货了。你回答了。人家说那再便宜一点。也没成交。人家还有很多问题要接着问出来。为什么？你不要问答你要反问，反问成交法。有些人谈产品谈到一半，顾客就马上中途就说："你们这边有没有女人吃的？适合女人吃的有吗？"

"等一下，顾客先生，先让我讲完，我讲完再跟你解释好不好？"

"你讲吧你讲吧，你们这个300块一瓶的，我想买便宜一点的有没有？"

"顾客先生，听我讲完好吗？"你不要老按照你公司教你那一套头到尾讲完再回答所有问题，你应该中途听到别人的问题就知道那叫做购买信号。

"有没有女人吃的？你太太多大年龄？是要给太太吃的还是给妈妈？"人家一回答太太，好你要几瓶？人家一回答，几瓶？你掌握了谈话主动权，拿几瓶？你要开发票吗？就往下问，就成交了。他说："有没有便宜一点的，300块的。""300块的，是吧。"你不要说有，你要说"你要几瓶？"你说有也没成交，你要说你要几瓶？他一回答就成交了。相信天天在一线销售的企业主们，相信天天在做销售的销售人员们，相信这些伟大销售精英销售主管，当你读到这里你已经感觉到了这一套成交的思想、步骤和方法是多么有效率、多么有效果、多么有杀伤力。

以上我们所讲的一系列的发问技巧，都通称为成交时要问他的问题，需要我们反复温习一一牢记，以在实践中熟悉操作：成交的艺术就是发问的艺术。第一个关键，成交前先问他什么容易回答的问题。第二个关键，成交时问他什么，问他无法说NO的问题。所以假设成交是一种思想，你假设对方是已经要买的人，你怎么会问他要不要买呢，你不需要请示他要不要买，你只需要假想他就是要买的人，你会问他买大的小的买黑的红的，你会问他要不要开发票，你会问他要送几楼，你会问他要不要手提袋，你会问他一系列他已经要买的之后，才会产生的问题，这叫成交时问他无法说NO的问题，也就是说不管他怎么回答都是成交了。

第三个关键，成交问题后马上闭嘴，谁先说话谁便会拥有这套产品。成交问题问出来之后，他不是买黑的就是红的，不是要开发票就是不要开发票，所以你一旦问出这样的无法说NO的问题之后，他不论怎么回答，对你来说都是成交了。所以你不要在这个时候抢话，很多人喜欢在这个时候紧张：我问他一个问题，这个时候他还没有说要不要买，我就问他会不会太快了，这个时候冷场很尴尬，他正在思考，他正在沉默。你不要紧张不要害怕。为什么？因为你这个时候问出来问题了，回答的责任在他身上，只要他回答了，你的问题的任何一个选择就成交了。你这个时候如果紧张害怕，因为害怕沉默的气氛先讲话，于是你说：先生，这样你不管要买什么都可以的，资料你要不要看一看，先生不管怎么样你要买不买都无所谓的，你要不先参考一下另外一个样品。你讲这样的话对你来说都是犯错误。为什么？因为回答的责任在他身上，只要他回答了他就成交了。但是你却在这个时候因为沉默而主动发话，等于把他肩膀上的责任摞到你肩膀上来扛了，好像今天你丢一个山芋给他很烫手，他一接到了，你又去帮别人把这个山芋接回来放在你手上，你给他了他才去接的，所以不要开口保持沉默，他沉默越久，他越在真正思考他到底要不要买你的产品，

当然他不一定会回答你的问题的。任何一个选择，比方讲你问他：先生，你要买红的还是黑的，先生，请问你要不要开发票，或者你问他："先生，你是现在刷卡还是付现金？"这个时候他保持沉默，也许他回答刷卡，也许回答现金，也许回答他要发票或不要发票，红色或黑色，但是他沉默越久，有可能会有另外一个回答，我必须客观地告诉你，就是不回答你的两个答案的任何一个。他回答的第三个到底是什么，第三个99%都是他不能购买你产品的真正原因，也就是说他就算不成交，他也必须回答你一个他不能购买你的产品的真正原因。

比方讲他可能会说：我真的要考虑一下。他可能会说我要考虑一下怎么办，这个时候就直接考虑根据解除抗拒的方法判断真假，问他这是否是唯一的问题。排除借口，找出真正抗拒点去回答。它是一个程序的问题，你跳到解除抗拒的程序部分就可以自然地往下了。也许你问他你要开发票还是不要开发票，他想很久不回答，他可能回答你一个他不买的真正原因，是说今天这个产品还是太贵了。怎么办？不要紧张，你这时候只需要跳到解除抗拒的部分，去使用我教你的解除抗拒的程序，往下做就可以了。不管他回答什

么，对你都是有利的，对你来说都是朝着成交更进一步，都是有办法，朝着他的回答往下去便把他带到成交。如果你问出了一个成交的问题，他正在沉默的时候，你害怕，你先回答了，你就犯错误了。为什么？因为你不管回答什么，你不管讲什么，这位先生你要不要先去考虑考虑也无所谓呀，你都无法把他往成交再带进一步，你都是倒走倒退路了。你好不容易问到这个时候了，你千万记住问到这个时候，问出来之后就闭嘴，一讲话你就前功尽弃。你一讲出你要不要参考这杂志呀？你要不要看一下这个说明书？你要不要先试用一下无所谓呀？你讲他等于就松了一口气，好好好好OK，我看一下这个说明书，OK，我看一下这个介绍，OK，我试用一下，OK，没问题我再考虑考虑。你等于给他一条路去退缩了。于是他顺着你的话，顺着你给他一条路往外走出去了，是你无法成交，你就要把产品带回家了。先开口谁就会拥有这套产品，开口他不是带回去就是讲出不买的原因，买的原因你又可以把他解除他还是带回去，而他没开口的时候你先开口了，对不起他不会带回去这套产品，你会带回这套产品。这就是这部分我们特别强调的成交艺术，成交问题问出来之后一定要闭嘴闭嘴再闭嘴，千万切记。

有一次我在跟我的一个客户谈话的时候，我问出了一个关键问题了，当时我们大概谈了十几二十分钟，大部分都是求同存异的，那么直到最后有一个关键的问题我把它解决了，我在解决完之后问了他一个问题，我说你要订货5万还是10万？这时候，他沉默不回答，我当然也沉默不回答，我们两个面对面，他整整十几分钟不讲话。十几分钟的沉默，这对一般地来讲是很恐怖的事情对不对？冷场，尴尬。我当时虽然也感觉到有那么一点尴尬和冷场，但是没有关系，这时候回答问题的责任不在我身上，在他身上，所以我就继续看着他微笑。他在想什么我真的不太确定，但我确定他现在面临着回答我问题的压力，他知道一旦回答了就代表成交了，是的，这个问题一旦问出来，大部分人都听得出来，一旦他回答了就要成交了，所以大部分人不敢随便乱回答这个问题。若不是他真的要买，他是不会回答你问题的，但是回答的责任既然在他身上，他不买他也要告诉我一个他不买的原因。二十多分钟过去了，我们在比赛看谁沉默的时间长，我忍我就是不开口。我完全可以开口，但是我完全有权利不开口，他最后终于开口了。他说："好吧，算你赢了，你厉害。"伸出手来握了我一下，"我今天先订货10万。"他也知道我们在较量看谁先开口，他也想保持沉默。他也知道我在保持沉默，他知道忍耐的时间谁长谁就要拿走产品，他知道我是绝对不会开口说话，最后他开口说话了。这个事情我印象非常深刻，我现在提醒你再沉默都不要害怕。

最后，成交后还得问，问到他不后悔。在你的顾客回答了你说我要开发票，发票开哪里？公司怎么写呀？一系列成交问题做完之后，我们还要掌握一个细节。你要千万记住，在这个时候每一个问题回答来回答去，都是成交后才问的问题。这时候你还必须在结尾的时候问一个问题让他回答，回答之后代表他不会后悔。

"这位女士，我印象中你来我这边已经考察了两个礼拜了，在这两个礼拜当中，你一定看过非常多不同的我的同行，为什么最后你决定要跟我买？"

她已经决定了要跟你买，在最后你还要问这一句，为什么最后你决定跟我买？她就会回答："因为我看别家服务态度没有你好，因为我看这别家价格实在是比你高，或者是因为你最热心你最有热忱，就是这样的。"

"是是是。谢谢你，谢谢你这样鼓励我，谢谢你让我学到了这么多东西，我会加油的。"

当你跟她这样对话完毕之后，就做完了我提醒你的这一次了：成交后还得问，问到她不会后悔。她不会后悔，因为她从头到尾再次肯定一下自己对购买你的产品的这个决定是对的。

乔·吉拉德卖汽车的时候，都会在结束时候问这一句："我印象中你买车要比较十几家，为什么最后你决定跟我买？"

"乔·吉拉德先生，我看你最专业，我看你名气最大，我觉得你的车还是最符合我需求的。我觉得今天我跟你做决定，是我考虑你对我的服务很好而让我做的决定。没问题，你非常优秀。"

你要恳请对方告诉你："请问你为什么决定买我的产品，请问我到底哪里做得比较好，让你这么肯定我，到底哪里我做对了让你愿意跟我做生意，让你愿意支持我？"也就是说你恳求别人把你做对的事情再讲一次，等于是他赞美完你之后，他说完他的决定是正确的之后，他整个人从头到尾又被他自己推销了一遍。大多数人成交之后，他回去都会有后悔的情绪，他担心他做错了决定，他担心他跟你买了东西之后，你不理他了，他担心没有售后服务，他担心他冲动，他的种种担心在成交完24小时之后冒出来了。怎么办？他就会回来找你退货。这时候，你应该在他一开始成交的阶段就打好预防针，这就是成交的艺术。

我们已经将成交的艺术彻底地讲解完了，你已经学会了整个成交的艺术，成交的技巧，成交的问句，成交的流程，解除抗拒的所有方法。但是我要提醒你的是，亲爱的读者，不论你用什么成交技巧，假如你还无法成交的话，那就表示你还是没有得到顾客的信任。如果你还没有得到顾客的信任，不论你用任何的成交方法你都无法成交，因为这些方法技巧只占你在销售时候的小部分，绝大部分70%~80%，你能成交都是因为你是顾客心目中一个值得信赖的人。所以千万不要以为使用所有在这里所学的成交技巧，你就可以拿下任何生意，只要你忘了在顾客心目中创造信赖，只要你忘了做一个值得别人信赖的人，成交技巧对你都是无效的。换句话说，只有在你建立了信赖度之后，这些方法才能辅助你加速成交。

卖向巅峰的必胜问句

亲爱的读者，假如学到目前为止，你已经会了非常多有关了解需求，解除抗拒，要求转介绍，测试成交等所有的原则原理和问句的语句模式以及这些语法，你都已经精通了，你最后的目标是要什么？当然是为了怎么样成交对不对？所以现在要来跟你分享的是在成交的时候，所有我认为可以适合于各行各业人员所使用的成交问句，当你学完这一课的时候，就是你业绩猛增的时刻了。

第一，下一步。顾客先生，如果你相信使用我们的产品，贵公司即将得到更大的好处，那么你下一步打算干什么呢？这是一种引导，引导顾客的思路，逐步地深入他心里面，最后一个下决定采取行动的防线。

第二，多久才能成交。某某先生/女士，如果你感到使用我们的产品能节省贵公司的时间和金钱，那么我们还要等待多久才能成交呢？这是一种试探成交，测试成交。正确来说应该是马上，但事实上有些人告诉你说，明天我就决定好了，让我考虑一天。所以你已经在步步逼近他成交了。

第三，你有权批准吗。这一句话的目的是为了要明确决策人是谁。某某先生/女士，我能不能这样认为，要是你欣赏我们的产品和同意这个价格的话，你是有权批准购买的？也就是说你很有礼貌地问他这个问题，答案能得到他是不是决策人。

第四，特色和优点。你对产品最感兴趣的特色和优点是什么？这可以让他说出来，什么特色吸引他、什么优点吸引他，于是他说完之后，你了解而且说完之后，他也自己肯定自己一遍，而且说完之后，下一步因为他肯定，所以你可以直接拿这一句话来问他：那你什么时候要开始拥有？

第五，还有谁。与您商谈的还有谁？

第六，这么特殊。你是否彻底地了解我们的产品是这么样特殊？你是否彻底地了解为什么我们的产品是这样的特殊呢？

第七，别的人一道做决定。是否还有别的人与你一道做出决定？问是否还有别的人与你一道做出决定，可以了解他的决定权有多大。

第八，妨碍。有什么原因，妨碍你今天就做出决定吗？要和顾客说一口流利的销售问句，必须开口说，有什么原因妨碍你今天就做出决定吗？所以他一回答，你就找到真正的障碍了，这很重要。

第九，何时开始。如果我们的产品能满足你的标准或要求，我们何时能开始呢？如果我们的课程能满足您的要求，我们何时能开始为您上课呢？如果我们的课程能满足你，你何时才能来开始报名呢？

第九，何时送货。某某先生/女士，既然你知道了我们的产品的优点，你希望我们何时送货？某某先生/女士，如果你已经了解了我们公司的产品和其优点了，那么我们何时才能送货？

不要以为把这些话问出来就成交了，这些话问出来之前前面有一大堆的话，我只是把这个最后阶段的用途，拿出来让你熟背，如此而已，而且背完这些话不是成交，就是找出真正的抗拒点，并且这些话有助于往下成交。

第十，与你的想法合拍。我们的做法与你的想法合拍吗？我们的服务与你的想法合拍吗？我们的方案与你的想法合拍吗？我们的课程与你的要求合拍吗？明白了吗？问我们的某某某某与你的要求是否合拍。

第十一，加上大名。这是一种商量的语气：我想在我们的客户名单上加上你的大名，我们是不是有机会再向前走一步呢？你把成交动作讲得非常含蓄。

第十二，做你的生意。你要很真诚地说，做你的生意我还需要做些什么呢？

第十三，角色换一下。某某先生/女士，要是我们角色彼此换一下，你打算接下来做什么？因为谈谈谈这时候你想要成交他了，但是你可能不想说得太直白，但是你又必须成交，怎么办呢？某某先生，要是我们现在角色换一下，你接下来打算做什么呢？让他想一想，意思就是暗示他我要成交你了。

第十四，欣赏优点吗。某某先生，你欣赏我们的产品的许多优点吗？某某小姐，你欣赏我们产品的许多优点吗？你的产品一定有很多优点，所以你要问他你欣赏我们的产品所提供的许多优点吗？

第十五，要是进一步商谈。假如你想进一步使用我们的产品，你希望何时拍板？这是一种假设，假如你想进一步，所以使成交的语气更自然一点：假如你想更进一步使用我们的美容品的话，你希望何时开始呢？假如你想使用我们的保健食品的话，你希望何时开始？假如你想跟我合作的话你希望何时开始？

第十六，问题能解决。你希望业绩的问题能解决，是不是？你希望士气的问题能解决，是不是？你希望人员素质的问题能解决，是不是？

第十七，咨询。你在订货前还需要向别人咨询吗？你在购买前还需要向别人咨询吗？你在下决定前还要向别人咨询吗？这同样是成交前很重要的一个问题。

第十八，对你们有利。如果你已经明白使用我们的产品对你们有利了，而我们的价格是非常优惠的，我们是否今天可以拍板呢？

第十九，这正是你要的。你对我们的产品能为你们创造的效果感到很高兴对不对？而这也正是你们想要与我们做生意的原因，对不对？

第二十，要是我能表明。要是我能表明我们的产品能为你和你公司省很多钱，你是否今天就要付诸行动了？要是我能证明我的产品或我的服务，能为你和你公司省很多钱，我们是否今天就有机会为你服务呢？

第二十一，你能看出。你能看出这在什么地方能为你省钱吗？要是你想省钱的话，你认为何时开始最好呢？你能看出我们的培训课程和我们的培训教材，能帮助你节省非常多不必要的浪费吗？要是你想节省更多钱的话，你认为何时开始最好呢？

第二十二，我打算帮你。你要很自信地说，这就是你所需要的产品，我打算帮助你得到它。这时候你拿出订单来、拿出笔来让他写就对了。自信，我打算帮你，这就是你所需要的，我打算帮你得到它。

第二十三，最重要的事。你对我说过产品的品质对你是最重要的，是不是这样？如果我能向你证明我们的产品品质的确是一流的，是否今天我就能为你服务啊？

第二十四，如果你已经知道。如果你已经知道我们课程的实用性，那请问：你希望得到这样实用实效的帮助吗？

第二十五，想象一下。想象一下你们公司业绩猛增的时候，是什么情景，想象一下你只要做出这个决定之后，你们公司的账户的钱会越来越多是什么情景，想象一下你们公司是全市场上最会销售的一家公司，你们公司能多赚多少钱，这是你要的吗？如果是的话，我什么时候有机会为你服务呢？这些东西融会贯通，你要变成满身流的是销售血液的超级推销员，你要变成全身上下充满着销售能力的销售超人。销售等于收入，而销售最重要的就是要成交。

第二十六，顾虑。你还有什么顾虑的呢？

第二十七，说服你。能否请你告诉我，为了说服你购买我的产品，还需要为你做些什么呢？让顾客教你如何推销他，让顾客教你你怎么做他就会成交。

第二十八，什么也不做。如果你对已经看到的问题什么也不做，那会发生什么情况？如果你对已经看到的问题什么也不做，那后果会有多么不堪设想？

第二十九，我们的承诺。既然你能了解我们对效果所做出的承诺，我能填下订单吗？既然你了解我们对于业绩提高所做出的承诺，我们能填妥这张报名单吗？既然你了解我们对你皮肤美白所做出的效果承诺，我们能开始为你开卡吗？既然你了解这张保单对你全家所提出的保障和承诺，我们能开始为你让保障生效吗？既然你能了解今天我们的合作方案能让你带来更大的利润，我们能开始签下合作协议吗？

第三十，消除你的顾虑。如果对方提出了好几条妨碍成交的意见，这个抗拒点很多，怎么办呢？你应该一一地记下来，然后给予一一回答。对每一条意见你都要使对方满意，你可以说，我希望能一一地消除你的顾虑好吗？或者你的口气可以很缓和用商量的语气说，现在我可以根据你刚刚的那一点问题向你说明一下吗？当他说可以啊，你可以往下这样讲，你说，某某顾客我希望与我打交道的人，都像你一样能够明确地说出他们的顾虑，要是这样的话我们工作起来就更有劲了，因为这将使我有机会向他们说明我们的产品对他们是非常有用的。我知道你打算从我们的产品中得到更多的受益的，好让我来跟你解释吧。然后……解释完之后，我的回答让你满意了吗？我能消除你的顾虑我很高兴，让我们采取行动吧。

十大必杀成交绝技

前面已经学了全世界最多的顾客最爱讲的最大的10种借口，该如何去破解它们的必杀绝技，这些方法都非常地有实效。我们这套训练最大的一个用意，就是要让你产生实际可用的效果，我们不需要给你过多的理论。当你把这些问句跟谈话方法大量地吸收背下来的时候，进而举一反三一通百通，进而大量储存这些软件之后，便能让你在顾客面前，随时可以调用出来可用的东西。所以我们现在这一部分，要跟大家分享的是全世界最有效的十种成交技巧，这跟我们在前面分享的成交技巧有什么差别呢？在成交的艺术这一节当中，我讲了成交就是发问的艺术，有假设成交法，有假设成交加续问法，有小狗成交法，有反问成交法，有各种的假设成交的延伸的方式，但那些讲的是一些所谓的语句的组合方式。那些语句的架构方法我们学了很多不同的类型跟原理，各种不同的语句的应用方法。我们懂了做程式的方法而且还要应用这个程式。

我们现在大量提供的是成交当中最好用的、常常用的这些问句，以及应用的模式。

下面我们来介绍全世界最有效的十大成交技巧。

技巧之一：三句话成交法

什么叫三句话成交法？你已经介绍产品介绍了很长时间，你已经证明了你的产品的确是能省钱，你已经经过顾客的试用，前期种种的一系列程序都结束了，最后你要成交了，三句话就够了。比方讲今天你的产品是可以帮顾客省钱的，那你就可以第一句话问他：

“顾客先生，你知道它可以省钱吗？”

他说：“知道。”

“你希望省钱吗？”

他说：“希望。”

前两句话给你的都是肯定的东西，这叫测试成交。你已经测试过了，那么第三句话你可以大胆地问他了：“如果你希望省钱，你觉得什么时候开始比较适当？”

正常来讲答案都是立刻开始，所以它有助于你得到这样的答案。如果顾客说不知道不希望，找到抗拒点的话，你要去参阅解除抗拒点的方法，按程序和步骤进行就行了。当然你不能直接问他说，如果你希望省钱，你希望什么时候开始，而你先需要问他的是你知道它可以省钱吗？知道的。你希望省钱吗？希望。如果你希望省钱的话，你希望什么时候开始比较恰当？答案通常都是“现在”，假如你卖的产品最大的功效是省钱的话。

以上用省钱做案例，当然，如果你今天卖的产品并不省钱的话，你也可以拿别的词句套进这样的三句话当中用来成交。比方讲你的产品可以帮助顾客更美丽的：你知道它可以让人的皮肤迅速地美白吗？知道。你希望你的皮肤变得更漂亮更美白吗？希望啊。如果你希望更美丽更白嫩的话，你希望什么时候开始比较恰当呢？通常也是现在。

诸如此类，这三句话在你的产品当中有什么特色，在你的公司当中有什么卖点，你都可以套用这三句话的模式来进行反复的练习。记住钢琴是弹出来的，越弹钢琴技术越好；篮球是打出来的，越打篮球技术越强；口才是练出来的，越练口才越好。同样的，销售的口才、发问的技巧、成交的能力也是练出来的，是反复说出来的、问出来的。

技巧之二：下决定成交法

什么叫下决定成交法？也就是说你不管跟他谈了多少次的产品介绍，塑造价值，解除抗拒，最后你觉得该成交了，你把这一句话说出来：不管你做什么决定，买或者不买，你今天都必须做决定。这是有道理的，为什么？你买下个决心，你不买你也下个决心，说不买没有关系，不是强迫你买，只是你要下决定，因为你不要浪费时间。今天你不买我也节省时间，今天你买你也快速得到你要的东西了，所以这是很合理的，你不要怕这好像有点过度为难别人，不会。

不管你做什么决定，买或者不买，你今天都必须做个决定。如果你只要投资1万元，就可以保护你的家人，而你自己又不会有任何损失的话，那么你让你的家人处于危机中，又有什么意义呢？这就是最直白最直接的发问方法。如果卖保险的话是这样讲，你也可以这样讲："不管你今天买或不买，你都必须做个决定，不管你做什么决定都无所谓，如果今天只需要投资几百元就可以让全家吃进健康的营养，保持健康的身体，那你又为什么要让家人每天身体处于亚健康状态？"一样的道理很直白地直接问他一句话。

如果你今天是销售保养品化妆品："不管你今天买或不买，你都必须做个决定，无论你做什么决定都可以，如果今天只需要几百元就可以让你的皮肤美丽，看起来自信大方、光彩动人，而你自己又不会有任何损失的话，又为什么要让自己的皮肤处于黯淡，让自己心情处于灰色自悲当中？"同样的道理，你卖什么你都可以，用这样直白的方法要求他下决定：你做决定说好，你可以得到你要的健康，你做决定说不好也没有关系，也告诉我让我不要再浪费时间了，请下个决定吧。这样的话可以让对方不要再拖延了不要再推托了，你可能听到YES，但你也可能听到NO，但你必须听到任何一个，你不要听到下次再说这样的话。

技巧之三：直截了当解除不信任抗拒

其实，我们每一个成交技巧都很简单，但是这些案例却可以不断地试用于大部分的行业、大部分的产品。我刻意要准备这些又简单又适用于各大行业的案例跟话述，这些简单的案例跟话述，背熟之后，对你的销售是直接产生帮助，对你成交技巧是立即产生帮助的。所以你不要去想象有什么困难，有难如登天的事情，会在本训练课程中发生，不会，你只要去照我的方法学并且练习，就会有成效。

如果顾客说我再想想看，怎么办？我再想想看，这是一种不信任你的表现，他如果今天有任何的疑惑，他应该说给你听，他如果今天想要了解什么他会讲给你听，他会问你，但他如果今天不说买也不说不买，就说我要想看看的话，第一他不好意思拒绝人，这也许可能是个机会，第二他又不太信任你，觉得买的话可能会有风险可能会有损失。他的问题也不敢讲出来给你听，他觉得讲给你听也没用，因为你给他的回答一定是正面的，你给他正面回答，他听了以后，也不打算要相信你，他干吗要问这些问题呢。所以说有人不信赖你怎么办？没关系，直截了当简单明了地问出来：你不信任我吗？你不认为我会对你诚实吗？如果你信任我，我们现在就可以谈一谈。

第一句话，你不信任我吗？你要很大胆大方地捅破那一层纸，因为你要成交你必须去得到他的信任，但是你没有得到他的信任，你必须知道他不会浪费你的时间，所以你大胆地问他你不信任我吗？答案只有两个，如果是信任的话，他会说："不是，其实是什么原因。"如果不信任你他可能会告诉你说："是的，我不信任你。"

当然还有人不信任你，他也不好意思跟你讲，所以第二句话你要说："你不认为我会对你诚实吗？"当然答案也是只有两个，一个是"我认为你会对我诚实，我信任你"，或者是"我还是不认为我信任你"。所以他不认为你会很诚实，怎么办？他已经告诉你答案了，没错他不够信任你，那么你就要问他："我需要做哪些你才会相信我？我要怎么做你才会对我更放心？或者多长时间你才会觉得我是可靠的人？"你一样是在推销出你的信任，要去问他，假如他不告诉你的话，他可能继续想告诉你说："没问题，没问题，我相信你，你是诚实的。"

"如果你认为你信任我的话，我们现在就可以继续谈下去了。”如果他不回答你说他不信任你的话，他一再地不信任你，但他不告诉你，骗你他信任你的话怎么办？你等于就要往下去成交了，往下成交他感觉压力更大，他只好告诉你原因，这都不要紧，你最关键的是要去问，而且不管你说完这样的话以后，花多长时间你都要等待对方的反应，不管问完这样的话有多长的时间，他沉默你都要等他的反应，从他的反应中，你才可以得到真实的答案，而你要的正是他的回答，你要的正是他的真实答案。所以弄了半天你发现他推托你：

“你要不要买呢？”

“考虑考虑，我再想想看。”

“这位先生，你不信任我吗？你不觉得我会对你诚实是吗？如果你觉得我很值得信赖的话，你信赖我的话我们可以继续往下谈。”

如果他是肯定的答案的话，你就往下要去成交他，所以他会告诉你他真正的疑虑，而你也有机会把这个疑虑给找出来，就有机会解决。而找不出疑虑，你就解决不掉疑虑，顾客不愿意说出真相，你拿任何技巧都是没有用的。

技巧之四：降价或帮他赚更多钱

很多人会在成交的时候对你说：“我负担不起。”

怎么办呢？有两个答案：第一个答案是，如果花这笔钱，真的会让你的顾客生活受到影响的话，那你的确是可以考虑适当地降价，但是大部分情况不是这样，所以大多数这样的话是借口。也就是说不要马上就考虑降价，你应该先去排除别人的借口，解除别人的抗拒，然后发现的确能解除抗拒，用不着降价你就能成交。如果发现他的确是经济上有很大的困难，花了这笔钱他生活可能陷入困境，那你是可以考虑适当降价的，但降价的时候记得要用前面讲到的如果法。

第二个答案是，如果他买这个产品，能帮他赚更多钱或者省更多钱的话，如果你的产品是这样的话，顾客说他负担不起，他真的负担不起，反而他更应该借钱来买这个产品，因为这个产品能帮他省更多钱或赚更多钱。一个经济能力不好的人，他更应该要这样的商品了，你怎么可以让他因为没钱就不买？

“如果你是真的负担不起的话，你更应该来上这个课，没钱借钱都应该来上。为什么？因为我这个课专门是教你赚钱的，一个人连1万块学费都交不起，你还不更应该来赚钱吗？那是因为你没有决心，你不肯下狠决心去借钱，所以你找这个借口，我不能让你找这个借口。你排除借口，去借钱都应该来上这个课程，因为这个课程上完后会帮你赚回更多钱。”

如果你的产品也是能帮助别人省更多钱或赚更多钱的话，是很适合的，比方讲保险，比方讲投资一些能获利的产品，如果说你的产品能帮别人达到这样效果的话，你要让别人下定决心去借钱来买你的产品。所以说这里有两个答案，你要思考一下你的商品是属于能降价的，还是不能降价的，是属于能帮别人赚回更多钱的，还是不能帮别人赚回更多钱的，你要考虑听到这样的话以后，你该采取哪一项行动。

技巧之五：免费要不要

还是有些客户会说价格太高了，那怎么办呢？他如果老说价格太高了，他对价格一直这么敏感，你可以按三个步骤解决：第一个步骤你问他，如果是免费你愿意买我的东西吗？如果免费，那买啊。谁不买对不对？如果不要钱你会买吗？很多人都说当然要，就可以往下进行第二步骤了。如果他说免费我也不一定要，那就表示不是钱的问题。免费我也不一定买，那表示不是他对你的产品没有兴趣，你还没有塑造产品的价值。

比方讲，我卖你这个笔记本。

“多少钱一本。”

“20块一本。”

“啊？那么贵！”

“这不一样，这里面这个品质好啊，这里面在学习的时候还可以看到创富教育给你的一些新观念，你可以买一本吗？”

“太贵了。”

“如果不要钱的话你会买吗？”

你说：“不要，不要钱我也不要。”那表示你根本是不喜欢它，我还没有说到它的价值，你对它没兴趣没需求，所以你不需要去证明你可以降价，不需要证明物超所值品质好。比方讲说200块一本，你说啊这个200块一本太贵了，我实在是觉得价格太高了。我说如果不要钱的话你要买吗？不要钱那当然要。

第二步骤，我就说如果你买我的东西，我会让你看到它是物超所值的，这样你就等于是免费得到它了。接下来就向你证明它为什么物超所值。所以你就去证明为什么你的产品是物超所值的。

比方讲如果今天你卖一套房子。

顾客说：“每平方米多少钱？”

“1万块。”

“啊？1万块，太贵了，实在价格太高了。”

“如果我免费送你这套房子你要不要？”

“当然要啊。”

“如果你买我的房子，我可以跟你证明这1万块会涨到2万，会涨到3万涨到5万，这未来的10年升值空间有多大，如果是这样物超所值的话，你等于免费得到这套房子对不对？”

“对啊。”

让我跟你证明它是如何的有升值潜力的。所以你讲完等于给了顾客一个答案：这个房子是物超所值的，所以等于免费。第一句话："如果是不要钱的你会买这个产品吗？"第二句话："如果你买这个产品，我会让你看到这个产品是物超所值的，这样你就等于免费买到它了是不是呢？"他如果说是，接下来第三步骤你就要证明为什么你的产品是物超所值的。把这三个步骤背下来转换成你的行业你的商品，去发明一套问句，你要去练，把这样的话练到你的身体，变成你的口语肌肉变成你的销售肌肉，变成你血液的一部分。

技巧之六：给他一个危急的理由

很多人爱拖延，同样的道理，顾客也会。每次你在要求成交的时候，他一直拖一直拖，他说明天，又说后天等一下，他说我明天主动找你。遇到这种人怎么办呢？重复强调一个危急的理由，迫使他立刻要下决定。比方讲人的日用品，衣食住行娱乐，他是马上要去买的，为什么？因为是必需品，他不买他可能无法生活。为什么你卖的产品，他不会马上买？因为不是必需品，所以没有急迫性。所以你要去创造一个急迫的理由，重复告诉他说再不买，可能就会有什么损失，再不买可能就会有什么坏处。你重复地强调，他的拖延就会被你解决，因为人都是不见棺材不掉泪，不到黄河不死心。每个人都有牙病，但为什么不是每个人都去看病？因为还不到最后关头。所以你的工作就是重复强调那个最后关头到了，假如你不能这样做到的话，他当然会拖延。

创造一个危急的紧迫的理由，动动脑筋，看看你可以用哪些方法。这是销售当中很重要的一个原则，给他一个危急的理由：不买明天我们可能缺货，不买明天我们可能会调价，不买可能会有什么对他的坏处跟痛苦你都要告诉他。

技巧之七：区别价格和价值

顾客如果老说真的太贵了实在太贵了，对价格这么敏感怎么办呢？

也许你已经发现，在这套训练当中教你解除抗拒或成交，常常只在教你解决价钱的问题。是的，价钱问题就是全世界最大的问题。大多数人在交易当中遇到的问题无法解决，80%都是价钱问题。换句话说，不会解决钱的问题的销售人员无法赚大钱，永远只能卖便宜产品。所以你今天如果学会了我们这一套训练当中的重点的话，就是不断地提醒你钱的问题。你要会利用价值法，让他知道品质高能为他带来更大的利益来成交。或者是代价法，让他知道不管这个产品付出的代价跟损失。我相信很多产品都可以使用我刚刚所教的这两个原则去发展出一套销售策略的。

那么现在有两句话简单实用有效，第一句话他一说“太贵了！”你就说：“你是指价格还是价值啊？”比方讲顾客说太贵了，你马上说你是指价格还是价值，顾客一定会马上愣住，很奇怪你怎么会问我这么奇怪的问题？他说价格贵啊。“你是指价格贵啊。那你没有看到价值，让我来跟你解释一下什么叫价值。”你刻意问这一句话来提醒他，其实是价值贵而不是价格贵。如果价值贵那太好了，马上购买才对。或者你也可以问他：“太贵了，你是指价格还是指代价？”他听不懂，什么价格代价？你就可以跟他解释：“价格是你买这个产品暂时所投资的金钱，而代价却是你没有拥有这个产品长期所要付出的代价跟遭受的损失。”如果你真的嫌贵的话，你看看代价有多贵，如果你没有这个产品的话等于你提醒他，用这句话做开场白，可以提醒他什么叫代价，是指价格贵还是价值贵，提醒他什么叫价值，价格是你暂时买它所要投资的钱，价值是你一辈子能获得的利益，让我来帮你算一算，这个产品一辈子能获得的利益吧？打开了一个话匣子去谈它的价值有多大，所以你可以问你是指价格贵还是价值贵，或是你是指价格贵还是代价贵。

血，3个小时内必须动手术，假如不动手术的话可能会失血过多而死。你是他妈妈的话请问动不动手术？

“当然动啊。”

“我说动。”

“医生说手术费要2万块钱，如果你没钱怎么办？”

“借啊。”

“如果这个妈妈没钱会不会去借？”

“当然会啊。”

“如果妈妈没钱会去借的话，请问一下是想救她儿子还是非救不可？”

“非救不可。”

“如果只是想救就算了，她不是想救她是非救不可。所以你是想要赚钱还是非要赚钱不可？你是想要成为富人，还是非要成为富人不可，如果只是想是没有用的，如果是非要成为富人不可的话，你会下定决心，排除借口。这个妈妈会不会说我是女人，我借不到，天气太冷了我借不到，现在太晚了我借不到，能不能等明天再借到？会吗？”

“不会。”

他妈妈会怎么说？——医生你放心，我马上去借一定借到钱，请你一定要救救我儿子。请问一下他妈妈的决心强不强？

“强啊。”

“请问你要成为富人，所以你才要学创富教育对不对？”

“对。”

“你要成为富人的决心强不强？如果强的话请问钱是问题吗？你会有借口吗？不会。”

我讲的是事实，我讲的是真的，正在读这本培训教材的朋友，如果我举的这个例子，也正好打中你内心的话，你想想看你是想要致富还是非要致富不可？如果你是非要致富不可的话，你应该要下定决心做出承诺，排除借口去得到你要得到的一切才对，你说是不是？我不是叫你要来当我的顾客上我的培训课程，我是教你要排除借口，去追寻你的梦想去致富。因为你记得，梦想很伟大但借口更伟大，当一个人有梦想同时又有借口的时候，借口一定会战胜他的梦想。下定决心做出承诺排除借口，去得到你所要得到的一切包括创业，包括来上我的创富教育课程，更包括去拿下你要去拿下的那一位顾客。

读者朋友可以练习一下说故事成交法。你可以去练习我刚刚讲的29天的协议保险的故事，也可以练习妈妈帮小孩借钱动手术的故事，或者你行业当中有很经典、很棒的真实的故事，你也可以去练习一下。当你对着镜子讲完三个故事，你比没讲之前又更进一步了。记住肌肉是练出来的，舞是跳出来的，钢琴是弹出来的，同样的，销售的口才也是问出来的，说故事的能力也是说出来的。

技巧之九：富兰克林成交法

什么叫富兰克林成交法？这是我所学过的全世界最有名的一个成交技巧。为什么？因为富兰克林是美国的伟人，他每次在下不了决定的时候，他都会拿一张白纸，他会在白纸中间画一条线，画完一条线之后，左边写要做这件事的理由，右边写不要做这件事的理由。所以富兰克林一半一半二分法之后，列下来所有正面的理由，列完又列负面的理由，列完之后富兰克林只要最后摊开这张纸一看到底正面多还是负面多，如果正面大于负面，行动，如果负面大于正面，不行动。

富兰克林下不了决心的时候，就用这个方法。所以今天你的顾客下不了决心的时候，你就对他说顾客先生，富兰克林是世界伟人，是美国最尊重的伟大的领袖之一，那么现在我们来研究富兰克林这一生下不了决定的时候是怎么做的。富兰克林会拿出一张纸分成两部分，现在我们同样也拿出白纸来分两部分，现在这边我们写你应该买这个产品的理由，这边写不该买这个产品的理由，让我们来列出来吧。

为什么你应该买这个产品？好处：

第一，它可以帮你省钱；

第二，它可以帮你赚钱；

第三，你学会它以后，你可以持续将来成为富人一生的技巧都有了；

第四，你可以如何如何；

第五，你可以如何如何；

第六，你可以如何如何；

第七，你可以变销售冠军；

第八，你可以成为下一个演讲家；

第九，你可以像我一样，成为口才非常好的一个销售高手；

第十，你可以赚到更多钱；

第十一，你可以买到心爱的房子；

第十二，你可以买到心爱的车子；

第十三，你可以追到梦中情人；

第十四，你可以成为企业家；

第十五，你可以学会世界大师的技巧；

第十六，你可以如何如何，你不断练不断练。

所以你看你多么需要上我们的销售课程，你多么需要读我们的这套成交培训教材。那么当然了，我们做人必须公正客观，请你现在告诉我你有什么不买的理由吧。他如果说太贵了，你就写上太贵。还有呢？他说一个你写一个，他不可以不说，因为你必须保持客观公正让他说。你不可以全部只有正面理由，负面理由要有。

说，写，继续说，写。但是你可别帮他说，他说你写，可以引导他说你写，绝对可以，因为他说不出多少，一看正面大于负面你成交了。你可别帮他说不买因为太贵了。因为三因为四，你帮他说一两个可以说三四个可以，说四五个可以，说六七个也可以，但是最后的结果，不会大于之前你所帮他列出的正面理由的。于是你说："顾客先生，相信你看到我们已经为你做出了完美的判断分析了，相信你会满意你自己为自己所做出的决定，是吗？"因为正面大于负面，所以很自然的应该要成交了。你帮顾客拿出一张白纸分成二分法，理清正面理由与负面理由，于是只要正面比负面多你就可以成交。你要善于说出多一点正面，然后让他说负面，而负面不够多的话你就可以拿下。

现在假设你对面的同事或朋友是顾客，用富兰克林成交法对他尝试一遍，让他说不能下决心，你列出了所有正面理由，然后让他列负面理由，试一次。

技巧之十：问答成交法

前面不断地告诉大家销售是用问的，成交也是用问的，所以最后一个问答成交法，就是要教你发问的一些问题，只要得到答案就可以成交了。这个道理大家都懂，这里最重要的就是要给你很多实在的案例，给你很多销售的问句，让你能够在这些大量的案例当中来了解到你真正需要的东西。

现在我们来开始练习有哪些问句，这个是我在各行各业的培训当中整理出来的一些问句。我随便举15个问句来让大家理解，什么叫问答成交法。

如果你是卖机器的、卖电脑的你可以问他：**"如果这种性能是这部电脑绝无仅有的，你不觉得拥有它非常值得吗？"**只要他说是就表示已经成交了，你不需要再问他要不要买。**第二句"当我们安**

装这套设备的时候，你需不需要我为你示范一次主要的性能呢？”他不管回答要还是不要，你都成交了。他如果说不需要，那表示不需要你去为他示范主要的性能，但是也代表你可以去为他安装了。他如果说需要，表示他要为他设备去示范一次主要性能，但是也表示你可以去安装了。所以前面这句我为你安装这个设备的时候，是一个主要的成交决定，后面接你需不需要我为您示范主要的性能，不管回答YES或NO，表示前面这个安装设备是他已经同意跟肯定了。这是假设成交的一个小小的一个示范而已，不是说你在见到顾客，直接问这话就可以成交。你前面该做的还是要做，销售的步骤，成交的每一个环节漏做了，直接问这个话也不一定会有效。比方讲你是做化妆品的，你可以说，“当我为你送货的时候，你需不需要我为你再讲解一次每一个化妆品的化妆技巧跟流程？”她如果说要，表示前面也是答应你可以送货了。不要表示前面也答应你可以送货了，你只是不需要去做示范而已。这个方法实在是可以用到各行各业去的。

第三句话，“你希望马上送达，或者等到这礼拜你有空的时候再送呢？”比方讲你卖这个产品，你讲了半天了多少钱，抗拒你也解决了，最后你觉得该成交了你就来一句：“那好吧，不耽误你的时间了，你希望马上送到家，还是等到这礼拜你有空的时候我们再送？”他不管回答哪一个都表示成交了，不要问他决定好了没有要不要买，那是愚蠢的问题。

第四句话，“如果我们定出对你财务最有利的条件，我们是不是可以算成交了？”这句话是一种套牢型的反问，如果他说是，你只需要定出对他财务上面最有利的条件，他就要跟你成交了。这是一个条件句，这是一个测试成交的方法。测试成交也就是说，如果我能做到什么的话，我们是不是就可以成交？他的答案只有两个，一个YES，一个NO，如果NO的话表示他不是财务条件的问题，不是付款方式的问题，不是钱方面的问题，是别的问题。如果他说NO，你不需要再往下走了，你要去找到什么让他最关心，找他真正关心的条件。

“如果我们能定出对你付款方法最有利的条件的话，你是不是就有希望跟我合作呢？”假如他说是啊，所以你已经测试成交成功了。测试成功怎么办？只要去定出一二三你看，这对你付款方法够好吧，对你财务够优惠的了吧，我们接下来什么时候签合约？如果NO对你也是有好处的，因为你不用往下成交，你可以找到他的问题。如果YES也是对你有好处的，因为你只要把条件完成了，自然就可以成交了。

第五句话，“你下订单的时候还需不需要和别人商量？”表示：你相信他会下订单，只是你想问他一下要不要和别人商量，如果他说不要和别人商量，表示他有决定权，你可以继续往下讨论订单问题。若他说要和别人商量，表示他是没决定权，那么怎么办呢？你要说：“好，那我们先把订单填好，我们再去找你老板，或者是说那你对这个产品认可吗？你对这个订单认可吗？你对公司认可吗？你对服务认可吗？”你会向别人推荐了，我们去找你老板的时候我来跟他解释一下，也请你帮我在他面前要推荐一下（请参阅要和别人商量商量的那一题）。

你下订单的时候还需不需要和别人商量？这一句问句是问出他有没有决定权，在成交阶段之前可以问，在一开始更应该问，要不然的话他没决定权，你费了那么多力气也是没用，所以你可以在双方谈产品的时候、谈合作的时候一开始就可以问了。如果我们要签约的时候，你还需要和别人商量商量吗？借此判断他有没有决策权。

第六句话，你要自行付款还是要我们帮你安排银行贷款？这句话房地产销售商常常使用。比方讲，我去买房子的时候，看完楼盘，看完附近的格局，看完样板间，谈完价格，谈完价格以后每平方米多少价钱？算了一下问我喜欢哪一栋楼？他没有问我要不要买，他说："你是自行安排，还是要我们帮你安排贷款的事情？"你看这句话多厉害，如果我说自行安排的话，他也是可以要求我直接签合同，什么时候来付定金，今天付多少定金。如果说我要你帮我安排，他马上可以找帮忙办贷款的人来，然后说好我们什么时候去找律师去找银行谈话，然后他就要我安排相关的签名手续，完成之后就要我付定金了。他这句话问出来，不论我怎么回答都可以成交。

问答成交法的15个问句，我特地在这十多句当中准备了各行各业不同的问句，可能有保健品，可能有卖机器设备，可能有卖房地产，可能有卖培训课程的，可能有卖服装的，你就是不断地听这些案例，能不断地搞懂这原理，它一定会有适合你行业的原理在里面或者适合你行业的案例在里面的。

第七句话，你希望首付多一点以后月供比较轻松，还是希望首付少一点以后月供比例加重？不管这两个选哪一个也都是成交了，这是房地产销售案例。

第八句话，你比较喜欢红色还是黑色？你比较喜欢红色还是黑色，卖衣服的也可以讲，卖任何的产品包装都可以这样讲，不管选红色跟黑色都成交。

第九句话，你希望我们用货运送达还是航运送达？看到没有，不要跟他讨论要不要买，跟他讨论买之后的售后问题，他只要选一个都算是买了。不是一开始就问，而是最后到成交阶段该谈的谈完了，来一句："你希望到时候用货运送达还是航空送达？"他不管是说货运还是航空都记录下来，接下来再说："好吧，那我记一下送货地址。""好吧，我现在收你一下这个款，是付现金还是刷卡？"你的公司一定也可以用这个方法的。

接下来**第十句话，你希望土地要登记在你的名下，还是在尊夫人的名下？**如果你要卖土地的话，直接在成交阶段来这一句话，不管是你名下还是尊夫人的名下，他只要说完之后都表示这块土地他是要买了，不要问他要不要买，再次强调。

第十一句话，你希望买在高尔夫球场旁边还是买在湖边？如果你卖别墅，你这样问，你要在高尔夫球场旁边还是湖边？他回答完两个任何一个，你就只需要把他当作是要买的人，成交的顾客在谈话，再办手续就可以了。

第十二句话，你会不会觉得那盏大灯太亮了？其实如果少了那几盏大灯，改用重点照明的话，不但效果好，而且更省电，同时屋里感觉更温馨。他说有道理，就表示这个房子他可能要买。你在卖他房子，你不要跟他谈要不要买这个房子，你不要问他任何的问题，你跟他讨论你觉不觉得屋顶那盏大灯太亮了？假如屋顶不要那盏大灯，改成重点照明的话，我觉得效果会更好而且省电，同时屋里感觉更温馨你说呢？他说我也觉得是。他已经投入了这个对话当中，表示他认为他是这个家的主人了，表示这个家的装修他已经提供意见了，他要买还是不要买？要买了。你只需要把它当作要买的人再往后谈话就可以了。

第十三句话，你觉不觉得花钱买耐用的设备，才是一劳永逸的方法？因为这句话很显而易见的是答对的，所以说等一下就没有什么价格的问题了，嫌贵的问题已经在这个地方一句问句就解决了。这一句问句的功效，是为了他嫌价格太贵而事先摆在那边的，你觉不觉得花钱买耐用的设备才是一劳永逸的方法，等于是在暗示他我们价格虽然高可是耐用，我们不需要再为次级品付出更多的代价，否则的话到时候花更多的冤枉钱。要买就要买最好的，最好的就是最便宜的，表面上看起来好像贵，实际上分摊到长期耐用的使用期间来说的话，每一次的使用成本反而是更低的。一句问句就把这么复杂一个说法给解决了，所以说问答成交法就是问问问。

接下来**第十四句话，你能不能告诉我你能承受的风险程度有多高？**比方讲你在帮他做投资，比方讲你要人家投资你的理财产品，那你销售这个投资理财产品有很多，所以你不要问他："你要不要跟我合作，你愿不愿意选择我为你服务？"你可以问他说："请告诉我，你能承受的风险程度有多高？我来帮你选择。"他告诉你了等于是他愿意把他交给你，愿意把他的钱交给你了，等于他已经是当作你的顾客一样的人，在跟你谈话在告诉你他的需求了，所以你直接根据他的能接受风险的程度，再去为他推荐："这个应该是蛮适合你的。"谈话过程中是先把非顾客变成是顾客的立场来对话，于是对话久了他就变成顾客了。

你在推销投资型产品，还有下一句问句，**第十五句话，你希望采取激进一点还是保守一点的做法？**看到没有，他没有变成你的顾客，你就去把他当作是顾客一样："我想知道，帮你投资的时候要怎么做，所以请告诉我，你是比较喜欢保守一点的，还是比较激进一点的方法。"他不管怎么回答你都当作他是你的顾客一样，要告诉你他的投资理念了。所以你在帮他做投资的时候，已经掌握了人家需求了，这是成交之后一般才会谈的问题，你就在推销中间就开始谈，所以也是一种假设成交法。

以上我们与读者分享的问句只有15句，但是事实上世界上有着150句、1500句、15000句，都是同样的原理，我举这些不同行业的不同的句型的问句，是希望让每一个人都能在当中找到适用于自己的，也都能从大量的案例当中找到其中的道理，所以你就学会了问答成交法。

亲爱的读者，这一套训练到目前为止你已经学到了许多，这是我十多年来宝贵的必杀绝技，可以说是世界上各行各业伟大的销售专家他们每天在用的方法，伟大的销售团队他们每天在用的方法，不管是多么宝贵的东西，现在只要你练习它都变成你的了。去练去写去记，去转换成你公司的问句，然后走出去，把话说出去把钱收回来。把话说出去把钱收回来，就是这一套训练所要给你的一个结果。

附录

课程推荐

朋友，您想打造赚钱机器，成为成交高手吗？杜云生创富教育机构为您准备了以下课程："绝对成交"、"绝对成交高级班"、"赚钱机器"、"公众演说"、"无敌谈判"、"20倍保证班"、"财富创造大会"、"向命运挑战"、"青少年创富班"、"NAC心理学"。无论您参加哪个课程，都将受益匪浅，财富之流将如潮水般向你涌来，让你获得非凡的成就！请别错过每一个机会喽！

请来电咨询报名：020-86589479　13724012259

两项承诺：1. 课后不满意退款　2. 课后满意无数次复训

《绝对成交》课程简介

《绝对成交》实战课程，让您完成由销售业务到销售精英的蜕变！三天两夜，杜云生老师全程陪伴，倾力亲授！

第一天：您将在第一天中为这套世界级的成交训练打下扎实的基础。杜老师将会在一天的时间中培养您坚实的发问基本功。在彻底纠正您错误的销售习惯后，训练您的发问技巧，像条件反射一样简单。基本功扎实后，才开始教您完美销售的具体步骤。

第二天：杜老师将训练您如何大幅度地提高您在顾客心目中的信赖感，教会您如何洞察人心和如何促使顾客下定决心，以及如何倍增产品价值的塑造方法。在第二天中，您会感受到：由于基本功的扎实，您的成交技巧已有大幅度的提高。

第三天：在第三天的早上，您将参与一个游戏，它是如此地震撼您的大脑。一上午会冲击着您过去传统的销售习惯，彻底颠覆您对销售的看法。您会将发问的基本功轻松地应用到处理顾客抗拒的六大步骤上，并且您会看到您的成交技巧已经真实地为您带来收入和业绩。第三天的您，确实会迫不及待地想要冲出教室去成交顾客，把话说出去，把钱收回来。

《赚钱机器》课程简介

《赚钱机器》——追求财务自由的终极课程！

第一天：打造赚钱机器的八大步骤

第一课：打造赚钱机器的八大步骤。决定你人生的命运方程式和人脑五大软件是什么？第二课：所有致富的关键是什么？你为什么陷入为钱卖命却始终没钱的怪圈？第三课：四两拨千斤的财富秘密。如何创造永续不断的财富管道和解决价值亿万的问题？第四课：趋势——不可逆转的财富流向。时机——瞬间改写命运，该出手就出手。第五课：决策力法。激发行动力的五大步骤。

第二天：将你的企业打造成自动印钞机

第一课：打造企业机器的八大关键。世界上有四种人，你属于哪一种？第二课：企业的铁三角组织架构。赚大钱是团队运动。第三课：如何几何式倍增企业业绩？《行销机器》创造第一品牌。第四课：谈判——世界上赚大钱最快的方法。演讲——销售的最高境界。第五课：系统——让你企业自动、完美、高效地运转。

第三天：财务自由的六大关键

第一课：创造财富的四种方法和财务自由的六大关键。第二课：穷人、富人、中产阶级的花钱模式。如何一劳永逸地解决财务问题？第三课：《时间的机器》如何越省力越赚钱？如何让时间投资获得最高回报率？第四课：财道——吸引钱的定律。